治安はいいのに
チカンが多いって、
どういうこと？

外国人は見た！イケてるニッポン、イケてないニッポン

異文化コミュニケーション研究所

はじめに

==所長よりごあいさつ==

「狭いながらも
　たのしいニッポン」に、捧ぐ。

こんにちは！
異文化コミュニケーション研究所 所長の「バーナード・モリス」です。
この度は私たちの著書、
「治安はいいのにチカンが多いって、どういうこと？」を
手に取ってくださり、どうもありがとう！

日本に来てもうすぐ20年になる私。
本当に日本が大好きで、好きが高じていろいろ日本について
調べる研究所を立ち上げてしまいました。

日本って、食べ物も街も人も本当にステキな所だらけ。
でも、ちょっと見方を変えると「おや？」という部分があったりする。
とても不思議な魅力が詰まった国だと思います。

そんな日本のさまざまなイケてるところ／イケてないところを
探るために、知人の外国人の方々へのアンケートやヒアリング、
さらにはネットやSNSでの話題などをかき集め、
外国人から見た視点をまとめてみたのがこの本！

私の右腕と左腕である、
2人の日本人研究員とともに、やいのやいのいいながら、
いまの日本をちょっと変な視点から見つめる一冊になりました。
(「やいのやいの」って使える外国人、ちょっとスゴくないですか?)。

皆さんの目には、日本という国はどのように映っていますか?
この本を通じて、「こんな見方もあるんだ」と、
なにかを発見してくれたらHappyです!

それでは、どうぞ!

ご注意

本書の内容は、あくまでも個人的な感想をもとにした一考察です。
人によっては「そうじゃないんじゃない?」というツッコミをいれたくなるところも
あるかもしれませんが、それはそれでひとつの視点として、
気軽な気持ちで読んでいただければ幸いです。
つまり、「お手柔らかに」ということで、ヨロシクお願いします!

もくじ

002 | はじめに

第1章
ニッポンの場所

- 008 | **001** 駅
- 010 | **002** 電車
- 012 | **003** 病院
- 014 | **004** 学校1 [小学校]
- 016 | **005** 学校2 [高校]
- 018 | **006** トイレ1
- 020 | **007** トイレ2
- 022 | **008** 家
- 024 | **009** 公園
- 026 | **010** 街

第2章
ニッポンの生活

- 030 | **011** たばこ
- 032 | **012** ペット
- 034 | **013** 犯罪
- 036 | **014** お金
- 038 | **015** 写真
- 040 | **016** ゴミ
- 042 | **017** 季節
- 044 | **018** ギャンブル
- 046 | **019** あいさつ
- 048 | **020** ことば
- 050 | **021** 働き方1
- 052 | **022** 働き方2
- 054 | **023** 飲み会
- 056 | **024** 職業

第3章
ニッポンのモノ／サービス

- 060 | **025** ティッシュ
- 062 | **026** ハイテク
- 064 | **027** お土産
- 066 | **028** 傘
- 068 | **029** デパート
- 070 | **030** 居酒屋
- 072 | **031** 自動販売機
- 074 | **032** 100円ショップ
- 076 | **033** カラオケ
- 078 | **034** 店員
- 080 | **035** 食品サンプル
- 082 | **036** 旅館
- 084 | **037** マンガ喫茶
- 086 | **038** 映画館
- 088 | **039** レストラン

第4章
ニッポンの食

- 092 | **040** 和食1
- 094 | **041** 和食2
- 096 | **042** 水
- 098 | **043** お菓子
- 100 | **044** お酒
- 102 | **045** パン
- 104 | **046** インスタント食品
- 106 | **047** お弁当

第5章
ニッポンの<u>カルチャー</u>

110	**048** アニメ
112	**049** マンガ
114	**050** テレビ
116	**051** ゲーム
118	**052** アイドル
120	**053** オタク
122	**054** 温泉
124	**055** ゆるキャラ
126	**056** CM
128	**057** 音楽1
130	**058** 音楽2

第6章
ニッポンの<u>イベント</u>

134	**059** 祭り
136	**060** 祭りの屋台
138	**061** 結婚式
140	**062** クリスマス
142	**063** お正月
144	**064** ハロウィン
146	**065** 花火大会

第7章
ニッポンの<u>人</u>

150	**066** 男の子
152	**067** 女の子
154	**068** 恋愛
156	**069** 結婚
158	**070** セクシャルマイノリティ
160	**071** 高齢者
162	**072** 人混み
164	**073** 宗教観
166	**074** 頭
168	**075** あの人
170	**076** ファッション
172	**077** コドモ／オトナ
174	**078** 歯

第8章
ニッポンの<u>アダルト</u>

178	**079** ラブホテル
180	**080** AV
182	**081** 風俗店
184	**082** キャバクラ／ホストクラブ
186	**083** コンドーム

188 | おわりに

第 1 章

外国人は見た！
ニッポンの
場所

| 001 | 駅 |

voice 外国人が見た、ニッポンの駅！

日本の駅には
いろんなお店がある！
なんでも揃うじゃん！
（フィリピン　女性）

ボタン押したら
駅員さんが券売機の後ろから
飛び出してきた！
（ラオス　男性）

よくわからずに
乗り換えをしたら、
追加料金を取られた。
どういうこと？
（韓国　女性）

サービスが充実している
のはいいけど、
英語が話せる人が少ない。。。
（イギリス　男性）

なんでも揃って超楽しい。
でも、そのぶん複雑で
わかりづらい？

ただ電車に乗るためではなく、さまざまなお店やサービスが充実していて、なんでも揃う場所。それが海外から見た日本の駅のユニークなポイントのようだ。キオスクや飲食店なら海外の駅でも見かけるが、たとえばファッションのお店やマッサージ店があったりするのは確かに珍しいのかも。さらに、日本の駅はホスピタリティに満ちているというイメージもあるようで、ボタン1つで駅員さんが券売機の後ろから飛び出して教えてくれる光景にびっくり！なんて声もあった。

一方、出口もやたらとあちこちにあるし、路線も複雑だから乗り換えも大変というのも日本の駅の特徴だ（これは特に都会での話だろうけど）。「よくわからずに乗り換えたらなぜか追加料金をとられた」と、そのわかりづらさに困惑する人も。そこまで便利さを追求するなら、もう少し英語が話せてほしいとも思うのも本音のようである。

002　電車

> **voice** 外国人が見た、ニッポンの電車！

時間通りに来るだけじゃなく、**みんな順番に並んで待ってる**からスゴイ！
（ベトナム　男性）

電車の中で、**いろいろと事細かに運転手がしゃべるのは**なんなの？
（ヨーロッパ　男性）

寝ている人がたくさんいるのにビックリ！ 財布盗まれるかもとか、考えないのかなぁ？
（イタリア　男性）

朝、混んでるのが×。どうして走ってまで急いで電車に乗ろうとするの？
（フィリピン　女性）

人身事故が多いのがイケてない……
（韓国　男性）

寝ている乗客に、空調の加減を伝える車掌は、確かに変。

日本では当たり前のことだが、「電車で寝る」行為が驚きだという声は意外と多かった。
電車の中で寝られるほど治安が良い、ということなのだろう。ちなみに筆者が先日ニューヨークで地下鉄に乗った時も、寝ている人はほとんど見かけなかった。

たかだか数駅の移動なのにやたらと寝る日本の乗客に対し、車掌さんのアナウンスはとても優しい。「つぎは右側のドアが開きます」「2分遅れての発車です。誠に申し訳ありません」「お忘れ物、落とし物にご注意ください」「ただいま空調は送風です」。

このサービス精神に富みまくった車内アナウンスも海外の方にとってはビックリするポイントのようである。日本の電車は世界一快適で、日本は世界一電車でリラックスできる国、ということなのかもしれない。

003 病院

voice 外国人が見た、ニッポンの病院！

日本の**医療保険制度はグレート**。
アメリカでも同じ
医療制度になればいいのに
（アメリカ　女性）

病院の
診療時間が短い
のがNG
（ヨーロッパ　女性）

病院にいる
高齢者の多さにびっくり！
何かイベントでも
あるのかと思った
（ドイツ　女性）

医者の言う
「ストレスが原因ですね」は聞き飽きた。
なんでもかんでも
ストレスのせいにしすぎだろ
（カナダ　男性）

健康保険の恩恵にあやかり、とりあえず病院に行く日本人。

日本の医療制度は、世界的に見ても素晴らしいものらしい。病状や経済状況にもよるのでもちろん一概には言えないが、国民皆保険制度のおかげで、多くの日本人はそれほどお金の心配をすることなく診療を受けられる。ゆえに、ちょっとなにかあればすぐ「病院に行く」という印象もあるようで、病院に行ったら高齢者で満員になっているという光景に驚く声もあった。

その原因には、病院の診療時間も関係しているのだろう。確かに大きな病院に行けば診察はほどんと午前中で終わりなんてところもある。それならもう少し患者を診てくれればいいのにと思うのだが、いろいろな問題があるのだろう。具合の悪い中何時間も待たされて、呼ばれたかと思えばちょっと診ただけで「ストレスですね」と言われては、そりゃあ不可解というものだ。

004　学校1［小学校］

voice 外国人が見た、ニッポンの小学校！

日本の学校給食は
栄養バランスが良いと思います。
母国は給食はなかったですね
（インドネシア　男性）

給食っていいと思うけど、
嫌いなものを食べさせられる
のはイヤだなぁ
（シンガポール　男性）

日本の小学生は**子供達だけで
歩いて通学**してるの!?
親が送り迎えしないのが
当たり前って本当？
（アメリカ　女性）

日本の小学生が
同じ帽子やヘルメットを被って
みんなで通学しているのカワイイ
（インドネシア　女性）

栄養満点の給食を食べ、子どもたちだけで登下校する日本の小学生は素晴らしい。

すべてではないが、日本の小学校には給食がある。食育という観点からも素晴らしく、今どきのお母さんは忙しいから便利だなど、好意的に捉える人が多かった。「私の国には給食はないからうらやましい」という意見もあり、日本の学校教育を象徴する文化と言えそう。

もう1つ外国人にとって驚きなのが、子どもたちだけで登校する姿。日本では当たり前の光景だが、小学生がみんなで歩いていたり、さらには1人で電車に乗っている子どもの姿には本当にびっくりするようだ。治安のよさもあるが、交差点などで地域のお母さんが見守ったりしているからだという鋭い指摘もあった。

みんなで仲良く登下校をしている姿はどの国の人が見ても微笑ましい光景のようで、未来にも残していきたい日本の姿であると思う。ちなみに、小学生が背負っているランドセルも、とってもキュートなアイコンなのだそうだ。

005　学校2［高校］

voice　外国人が見た、ニッポンの高校！

日本の高校の制服カワイイ！
高校生は制服で学校を選ぶ
って言うけど、
それも分かるような気がするよ！
（メキシコ　女性）

**文化祭を高校生だけで
つくりあげる**ってすごい！
ベトナムにはないから
うらやましい
（ベトナム　女性）

高校にこんな
ミニスカートの娘が沢山いたら
男の教師も大変だなぁw
（アメリカ　男性）

高校生がみんなで自分の学校を
掃除するって、すごく素敵
（エジプト　女性）

なんで学校に
あんなに**大きなプール**が
あるんだ！？
（カンボジア　男性）

制服、文化祭、掃除の文化。
日本の高校生は世界の憧れ？

女子高生の制服は、日本のポップカルチャーを象徴するアイコンとなっている。そのかわいさはもはや世界に通じており、制服で進学先を選ぶのも納得というイメージすらあり、「アニメで見たのと同じ格好を本当にしている！」と驚く人もいた。

学校行事に目を向けてみれば、ユニークなものとして取り上げられるのが文化祭。模擬店／お化け屋敷／ダンス／バンド etc. 主に男子が本気で取り組んでいる姿はとても驚かれるようだ。

そして、高校生が毎日自分たちで学校を掃除するというのも、海外から見れば珍しいこと。かわいい制服を着て、楽しいイベントを作ってと青春を満喫する高校生が、毎日掃除をするという美徳も身につけている。世界にも類を見ないほど素敵な学生像なのかもしれない。

006　トイレ1

voice 外国人が見た、ニッポンのトイレ！

はじめて**ウォシュレットを使った時の感動**が忘れられない！母国には普通のトイレしかないから
（フランス　男性）

古民家なのにこんな**ハイテクなトイレ**が！?
（トルコ　女性）

紙がトイレにながせるって、清潔でなんて素晴らしいんだ！
（タイ　男性）

用を足すとき音を消すなんてすごい！日本人はそんなところにも気を配るんだね
（アメリカ　女性）

トイレに**いろんなボタンがありすぎて**、戸惑いました……
（デンマーク　女性）

ベンリできれいで、言うことなし。でも多機能すぎてわけわからない時も……。

お尻が洗える。冬には便座が暖かい。トイレの紙が流せる。カモフラージュの音まで流せる。日本のトイレが世界的にもかなりイケてるというのは有名な話で、賞賛の声をあげればキリがない。トイレに関してはほとんどネガティブなコメントは見受けられず、多機能過ぎるがゆえ、「どのボタンをどうすればいいかわからない」といった矛盾すら生まれているほどのようだった。

そんな日本のハイテクトイレは普及ぶりまでスゴく、歴史情緒を感じるような日本の古民家ですらウォシュレット付きの最新トイレという現象に驚く人もいるようである。確かに言われてみると違和感がある光景なのかもしれないが、おそらく多くの日本人が、いまや和式トイレには戻れない生活になっているような気もする。

007　トイレ2

voice 外国人が見た、ニッポンのトイレ！

日本のトイレは**どこでも無料**なのが素敵！
ヨーロッパでは駅やデパートのトイレでも有料だから
（フランス　女性）

たくさんのコンビニで、ほとんど**自由にトイレが使える**のがいいね！
（サウジアラビア　男性）

デパートとかは、トイレットペーパーやウォシュレットはもちろん、**コットンとか綿棒も**あってすごい！
（韓国　女性）

日本の公共トイレは**どこにいってもキレイ**。なんで日本以外の国はこうできないんだろう？
（ベトナム　男性）

衛生面から見れば、**公共トイレのウォシュレットは**多くの人が使うからちょっと…
（ロシア　女性）

どこにいってもキレイなトイレ。
旅行者には
かなり高ポイントです。

日本の高機能なトイレが外国でウケていることは前頁の通り。だが、意外と気付かれていない日本のトイレの優れているポイント、それは「どこでも気軽に使えること」なのだ。

例えば休日にショッピングする時、「この街のどのお店ならトイレを貸してもらえるかしら?」と考えながら家を出る人はまずいないだろう。しかし、そう安心していられるのは日本だけのこと。

アメリカやヨーロッパでは、カフェのトイレはチップ制、公衆トイレは少ないしあっても有料、地下鉄の駅にはそもそもトイレがない……と、かなりシビアで、「どこでも無料」なトイレを賞賛する声は多々見受けられた。用を足したくなったとき、駅やコンビニに駆け込めばいつでもきれいなトイレが使えることは、外国人旅行者にとってはかなりありがたいこと。日本への好感度を密かに支えているのは、トイレかもしれない。

008 家

voice 外国人が見た、ニッポンの家！

日本の家は小さい！
それなのに家賃が高いから
ガッカリです
（フィンランド　女性）

日本人の家はキレイで
素晴らしくて大好きなのに、
「**家が狭いから**」とだれも招いて
くれないのが悲しい
（スペイン　女性）

暖房器具がすくなくて、
とにかく寒いしか
感想がありません
（シンガポール　男性）

どの家も、**やたらと配線が**
張り巡らされているのが
イケてないね
（イギリス　男性）

ニッポンの家って、
配線がいっぱいで
かなりハイテクに
見えるw
（ハンガリー　男性）

「狭い」「寒い」「謎の配線？」
意外とガッカリな日本の家。

日本の家については、予想に反してネガティブな意見が多かった。一番多かったのは「小さい」という意見で、家賃が高いのにこんな狭い家にというのは信じられないようだ（日本人でもなんとかしてほしいと思うところだろう）。もう1つネガティブな意見が多かったのが、寒さ。特にエアコンについては快適と思っている人は少ない印象。設備はいいし、きれいだけど、どこか残念。というのが外国人から見た家なのだろうか。

面白かったのは、家と家をつなぐように張り巡らされる電線についての指摘。国や地域にもよるが、外国人からみるとその光景は異様なものらしい。せっかくの日本の美しい風景が台無しと考える人もいれば、「家すら超ハイテクに見える」といったコメントも。日本人が快適と思っている住環境でも、案外、外から見れば不自由なものなのかもしれない。

009 公園

voice 外国人が見た、ニッポンの公園！

日本の公園は
とても beautiful。
1日いても飽きないね！
（マレーシア　女性）

すごい！日本の公園には
ガンダムもゴジラもいるぞ！
（フランス　男性）

公園にいる池の鯉、
ほんとうにカワイイ！
（アメリカ　男性）

日本では公園で
キャッチボールもダメなの？
そら出生率も下がるわ。
（キューバ　男性）

**酒は飲んでも良いが、
ボールは駄目**って、
変じゃない？
（オーストラリア　女性）

綺麗で楽しいスポットなのに、禁止事項はなぜ多い？

春には桜が満開で、池には鯉がいて、歩くだけでもすがすがしい。そんな日本の公園を気に入る外国人は多いようだ。しかし、外国人から見て残念な点は、禁止事項がとても多いところ。「ダンス禁止」「大声禁止」「漫才の練習禁止」というだけでなく、子供に対しても「ボール遊び禁止」といった禁止事項のある公園もある。楽しく過ごせはするけど、変に窮屈な思いをさせられることもしばしばで、それは外国人の目からしても不可解なようだ。

先日聞いた話では、公園で携帯ゲームをして遊んでいる子供たちにその理由を聞いたら、「だってボールで遊べないから」という答えが返ってきたそうだ。大人にとっては楽しい場所だけど、もう少し子供にとっても自由な場所になればいいのにと思う。

| 010 | 街

voice 外国人が見た、ニッポンの街！

日本の街って、**すべてがカラフル**っていう印象
（メキシコ　女性）

日本の建物は
ひとつひとつ
デザインが凝っている！
（韓国　女性）

細かくデザインされている
マンホールがすごくカッコイイ！
（ヨーロッパ　男性）

街に落書きが少ないのが不思議。
この国では"ヤバイ人"も
周りのことを考えている
（フランス　男性）

日本は
多くの道に名前がない
のが不思議。
（ロシア　女性）

カラフルできらびやかで美しい。でも迷子にならないように要注意!?

日本の街並みについては、「カラフル」「デザインされている」というコメントがよく見受けられた。ヨーロッパなどの、街じゅう石造りという荘厳な美しさは日本人から見ればクールに見えるが、日本の街のクールさは、その「きらびやかさ」にあるのかもしれない。雑多なネオンがすごく綺麗という意見もあった。

一方でわかりにくいという意見があったのが、「住所」について。ほとんどの道に名前がついているアメリカなどとは違って、日本ではエリアごと(たとえば渋谷区の富ヶ谷とか)に住所が割り振られている。そのため、小さい道路だと通りの名前がないところも多く、外国人にとっては分かりづらいのだとか。美しい街を散策したいのに、目的の場所に行くのはひと苦労、なんていう人も少なくなさそうだ。

第 2 章

外国人は見た！
ニッポンの
生活

| 011 | たばこ

voice 外国人が見た、ニッポンのたばこ！

外は禁煙で歩きたばこ禁止なのに、**吸っても大丈夫なレストラン**があるって不思議
（ヨーロッパ　男性）

カード作ってまで、**自動販売機でたばこを売る**必要ってあるのか？
（インド　男性）

バーで吸えるのはありがたいね
（アメリカ　男性）

長寿国なのに**日本の喫煙率**って結構高いんだよね
（チリ　男性）

携帯灰皿って、とても日本的な発明だと思います
（フィリピン　女性）

道路はNG、
なのにレストランはOK。
中途半端すぎる規制。

日本のたばこ事情は、海外から見ると何とも中途半端な様子。まず第一に挙げられるのが、レストランやカフェの分煙。公共施設内での全面禁煙が法律で定められている国もある一方、日本では店内に喫煙者用のテーブルがあり、仕切りが明確でない場合も多い。一部の都市では歩きたばこを禁止する条例もありながら、店内は基本ダメ、一部は吸ってオッケー、でも外で吸うのはダメ、外も喫煙所ならいいよ……って、一体どっちにしたいのか。

愛煙家ならひとつは持っている携帯灰皿を、「日本らしい製品」として挙げている人もいた。海外では分煙化が進んでいてもポイ捨てする人もまだまだ多い現状があるようで、日本独特のものと感じるらしい。そうした日本人らしいマナーにも、もっと注目してもらえたらいいのだけど。

012 ペット

> **voice** 外国人が見た、ニッポンのペット！

犬に服を着せている人が多い。
母国で、そういう人は少ないです。
ペットも人間と同じような
服装があり、面白い
（アメリカ　男性）

うさぎを飼うのが
信じられない。
母国ではうさぎは食用です
（シリア　男性）

虫を飼うのがびっくり！
でも、日本のように
生活空間が狭いところでは、
虫をペットとして飼っても
おかしくないのかな？
（ウズベキスタン　女性）

こたつの中にいるネコ
が可愛すぎ。
あれ以上幸せなネコは
地球上に存在しないはず
（中国　女性）

カワイイ好きの日本人は どんな動物もペットにする。

かわいいペットは、家族の一員。いや、それ以上に大切な、かけがえのない存在だ。その気持ちは他の国でも共通だが、日本のペット文化はかなり異色らしい。

日本に来た外国人が驚くのが、洋服を着ている犬。防寒用ではなく完全なオシャレで着飾っている犬がここまで多いのは日本くらいらしい。「クールだね！」という声のほか、「かわいそう！」という意見もあったが、当の本人（本犬？）は割と楽しんでいそう。

さらに驚かれるのが、ペットの種類。犬、猫ならまだしも、ウサギ、モルモット、フェレットを飼うのが「信じられない！」と言う人もいる。野生のネズミが多い地域の外国人は、ネズミを飼うのも相当不思議なようだ。考えてみれば、100年以上前から錦鯉を趣味にしたりカブトムシを捕ったりと、あらゆる生き物を愛でるのが昔から好きな人種なのだろう。

013　犯罪

voice　外国人が見た、ニッポンの犯罪！

女性が夜1人で歩いても平気なんて！！
日本の治安はすばらしいね
（カナダ　女性）

日本の警察の自転車
かわいいw
犯罪が少ないから
こんな装備で十分なんだね
（サウジアラビア　男性）

この前駅に置き忘れている
バッグを駅員に届けている
日本人を見たよ！
（フィリピン　男性）

電車の痴漢対策に
女性専用エリア…？
そんなにみんな痴漢するの？
（アメリカ　女性）

**痴漢の注意書きに
わざわざ英語？**
ぼくは絶対にしないよ！！
（フィンランド　男性）

さすが平和な国。だけど、
治安はいいのに
チカンが多いって、どういうこと?

日本の犯罪の少なさを賞賛する声は多く、「治安がいいから、警察官の自転車もあんなに軽装でいいんだ」という面白い視点もあった。それだけでなく、落し物を見つけても拾って警察や駅員に届けに行くという道徳観も、他の国ではなかなか見られない尊敬すべき点のようである。

治安の良い文化に慣れきってしまっているため、海外に行ったときはカモにされやすいから要注意だという、外国人ならではの意見も。

そんな平和な日本なのに、痴漢が多いというのはかなりのガッカリポイントであり、不可解ですらあるようだ。普段は穏やかに過ごしている日本人の、鬱屈した本性が現れたカタチなのか……?と考えると、ある意味とても恐ろしい気もしてくる。

| 014 | お金

> **voice** 外国人が見た、ニッポンのお金！

- 結婚式とかお葬式に行った時、お金を払うって不思議
  （ヨーロッパ　男性）

- 敷金・礼金ってなに？引っ越しの度に高い料金がかかるのが信じられない
  （チリ　男性）

- 夜中にお金を下ろしただけで特別手数料。機械が働いているだけなのに。意味がわからない
  （シンガポール　男性）

- チップがないのはいいね
  （カナダ　女性）

- とある神社で手持ちのお金を洗うのが楽しかった。洗ったお金がのちに倍になると聞いたのですが、全く増えていない（笑）
  （ドイツ　男性）

いちいちチップを支払う文化と、訳もわからず手数料を支払う文化、どっちがいいのだろう。

日本人の多くは旅をすると、レストランやホテルでチップを支払う文化に違和感を覚える。ならば、外国人から見れば日本はチップがないからいいのかといえば、単純にそういうことでもないらしい。

その原因が、さまざまな「手数料」。特に引越しの時に発生する「敷金」「礼金」「更新料」は信じられないという人が多く（日本人でも反対の人は多いと思う）、なぜ引越しに大金が必要なのか理解に苦しむ人が多かった。

他にも、冠婚葬祭のたびにお金がかかったり、銀行から自分のお金を下ろすのに余分に取られたりと、「根拠はわからないけど、やたらとお金が出て行く」というのが外国から見たイメージのようだ。考えてみれば「ご祝儀」とか「お布施」とか、支払うお金の名前も難しいし、日本のお金事情はなかなか複雑。チップの方が、相手が見えるからまだシンプルかも。

| 015 | 写真

voice 外国人が見た、ニッポンの写真！

何で日本の若い子たちは
いつもピースサインを作るんだ？
（アメリカ　男性）

写真を撮る時
**かわいいポーズを
とるのが上手**！
（ラオス　女性）

プリクラって、カワイイ！
私の国にも日本から
輸入したのがあったよ！
（アメリカ　女性）

プリクラの機械だと
なんであんなに
不気味な目玉になるんだ……
（イタリア　男性）

ピースサインから、プリクラの加工まで。日本人って、かなり写真を楽しんでる!

子供も大人も、おじいちゃんですらカメラを向けられたら決まってにっこりピースサイン。シャイなイメージがありそうな日本人だけど、外国人からしてみれば、実はすごく写真の撮られ方がうまいらしい。ただ、写真でピースサインというのは万国共通ではないようで、「うちの国ではみたことない」と、不思議がる声もあった。

そして、おそらく最もユニークな写真文化が「プリクラ」だ。最近では目が大きくなったりといった加工もすごく、あの加工で外国人がプリクラをとるとすごく異様な姿に……なんてこともあるらしい。ちなみに自分のプリクラを「私のシールだよ」などと言いながら海外でお土産として渡すと、すごくウケがいいんだとか。

016 ゴミ

voice 外国人が見た、ニッポンのゴミ！

30分以上歩いてもゴミ箱が見当たらないのに、日本の道には**ゴミがまったく落ちてない！**
（ヨーロッパ　男性）

どうしてゴミの日を待つ必要があるの？**毎日収集に来ない**なんて不便でイヤ！
（イラン　女性）

ダンボールもペットボトルも**きっちり分けてる。**日本人はゴミの考え方までスゴイのか
（アメリカ　男性）

早朝に道路のゴミ拾いをしている男性がいた！こんな人が自分の国にもいたらいいのに
（ベトナム　男性）

信じられない。**ゴミ捨て場が俺の部屋よりきれいだ…**
（メキシコ　男性）

ゴミがあるのを放っておけない国。ならば、毎日収集に来ればいいのに！

ゴミを捨てる人がいない。捨ててあっても拾う人がいる。日本の街のゴミの少なさは、外国から見れば感動もので、ある人は「日本はゴミ捨て場すらきれい」とまで言っていた。たしかに2014年のワールドカップでも、日本のサポーターが試合後のスタジアムのゴミ拾いをしたというニュースが世界で注目を集めたし、日本人のゴミに対する意識は相当に高いのだろう。

そんな中、目からウロコだったのが、「なぜゴミ収集が毎日来ないの？」という指摘。ゴミがその辺に落ちているのなんてありえないはずの国なのに、家では2〜3日分のゴミがたまっている、という家は少なくないだろう。確かにこれは変なのかもしれない。国にはぜひごみ収集の充実を図ってもらいたい（どなたか国会議員の先生、読んでないかなぁ？）。

017　季節

voice　外国人が見た、ニッポンの季節！

日本人は
「日本は4つの季節がある国です」
っていうけど、
アメリカだって四季はあるよ
（アメリカ　男性）

ヴィヴァルディの
「四季」を知らないのかな？
**四季があるのは
日本だけじゃない**
（イタリア　女性）

いちいち「**あなたの国には
四季がありますか？**」
とか聞かないで！あるよ！
（オランダ　女性）

でも日本の四季は
とても美しい。
春の桜に、秋の紅葉
（ポーランド　男性）

あんなに強烈な
台風の中、車で走る
なんて危険すぎる！
（イギリス　男性）

「日本は四季がある国」信仰は、海外では笑われる？

「日本には、四季の美しさがある」ということは誰もが学校や親から教えられること。あまりに徹底して教えられているせいか、日本人は「日本にしか四季がない」という風にとらえがちのようだ。当たり前のように「うちの国にもあるよ！」という意見が多く、「日本人はどうして四季があるかどうか聞いてくるの？」とややウンザリ気味な声もあり、なるほどハッとさせられた。

季節に絡めてもうひとつ無視できないのが、災害。夏の台風などはその代表例で、その映像を見るたび日本人はどうやって住んでいられるのかと信じられなくなる人も多いようだ。目を奪われるような美しい季節と、目をそらしたくなるような過酷な季節の隣りあわせで生きているのが日本人。外国からはそんなイメージなのかもしれない。

| 🏠 | 018 | ギャンブル |

voice 外国人が見た、ニッポンのギャンブル！

日本のサラリーマンが
みんな夕方パチンコするのをみて、
残業かと思った
（ヨーロッパ　男性）

あの**薄っぺらな台に**
何時間も向かって、
なにが楽しいの？
（アメリカ　女性）

日本でもスロットの台とか
作ってるのに
カジノが違法ってなんかヘン
（スペイン　男性）

日本の
競馬実況アツ過ぎる！！
もうすべてのスポーツの
実況やってほしいｗｗ
（ドイツ　男性）

現段階ではカジノ禁止の日本。それゆえ？賭け事の文化はかなり独特……。

今のところ先進国の中でも珍しく、日本ではカジノは認められていない。その代わりというわけではないのだろうけど、日本でギャンブルといえばパチンコが身近な存在だ。ただもくもくと、パチンコ台の前に座っては玉の行方をひたすら追いかける。その光景は外国から見ればやっぱり異様であるようだ（そういえば、パチンコ大好きという外国人って見たことがないような）。

他にも日本のギャンブル文化はなにかと独特なようだ。たとえば競馬（特に実況）。アナウンサーがものすごい勢いでまくし立て叫ぶあの実況はいろんな意味でエキサイティング。そう考えると、たとえば競馬ならファンファーレのときにみんなで新聞を持って手拍子する光景とか、外国の人にはどう見えるのだろう？独特の文化がいろいろ見えてきそうなテーマである。

019 あいさつ

voice 外国人が見た、ニッポンのあいさつ！

日本人は
あいさつが少ない？
（メキシコ　女性）

日本の**お辞儀**って、
すごく美しい文化だな
（イタリア　女性）

「**どうも**」とか「**ちょっと**」とかで
いろんなあいさつになるから不思議
（インドネシア　男性）

なにかとあいさつする
たびに**ペコペコ**。
そんなにあやまる事
たくさんあるの？
（オーストラリア　女性）

どうして
店員さんのあいさつを
無視できるの？
（モロッコ　男性）

素晴らしいんだか
素晴らしくないんだか。
日本のあいさつは賛否両論。

日本人はあいさつが少ない国民性なのか、それとも、声に出してあいさつしなくてもちょっとした会釈で通じる文化なのか。日本人はおじぎが美しいのか、それとも、1日に何度も頭を下げるのが美しくないのか。日本のあいさつの文化に関しては、ポジティブな意見とネガティブな意見が両方とも見受けられた。

確かに、海外に行ったとき、お店などで気さくに声をかけてくる店員に笑顔であいさつを返し、楽しく会話をするなんてことはごく普通のことだ。日本人なら「きちんとあいさつしなさい」と教えられて育っているはずなのに、実は大人になっても慣れていないのかもしれない。「どうも」などというあいさつは、ある種の照れ隠しだったりするのだろうか。

020 ことば

voice 外国人が見た、ニッポンのことば！

「私」「ぼく」「おら」…
"I" を表す言葉がたくさんある！
（アメリカ　女性）

日本語は、男性が話すと
怒ってるように聞こえる。
女性だと**おしとやかに
聞こえて素敵**！
（フランス　男性）

「好き」がlikeからloveまで
何でも意味する。
つまり、**解釈次第では
悲劇が訪れる**…
（カナダ　男性）

なんだか分かんないんだけど、
**Kyotoの方言の響きに
惹かれて**しまう…
（ルーマニア　女性）

**沖縄弁は日本人でも
理解**できないって
ホント？
（中国　女性）

響きはとても美しいけど、
知れば知るほど
不思議がいっぱい。

世界の言語の中でも、マスターするのが難しいと言われる日本語。でも日本語の響きは美しいから好きという外国人は多く、特に女の子が話す日本語は、「カワイイ」イメージを増幅する装置でもあるようだ。

1つの意味を表すのにいろんな言葉があったり、逆に1つの言葉でいろんな意味になったりと、日本語の複雑さに驚く外国人は多い。これに関係して漢字に関しても「余計複雑になるから無ければいいのに」という意見と「同音異義語が多いからこそ漢字で区別する必要がある」という意見とに分かれていた（余談だが、コメント上から3つ目、「好き」に対する指摘は目からウロコ過ぎた）。

ここにさらに地域によっては方言が加わったりもするのだから、日本を訪れる外国人の苦労は計り知れない。

021 働き方1

voice 外国人が見た、ニッポンの働き方!

ファストフード店の店員も仕事を100%の力でやるんだから、日本人ってすごく勤勉だよね!
(アメリカ 男性)

よく働くなぁ。私の国では**夜働いている人**なんてほとんどいないのに
(中央アジア 男性)

仕事が終わらなければ残業もしかたないけど、**同僚が終わるまで先に帰れない**って、なんなのよ?
(フランス 男性)

家族をお祝いする日なのに、普通に働いているなんてありえない
(ヨーロッパ 女性)

時間通りに仕事を終了しない人が多い。**新入社員は特に残業させられる**の?
(ルーマニア 女性)

勤勉すぎるがゆえ?
帰り方まで難しい日本の働き方。

外国から見た日本の働き方のイメージといえば、とにかく勤勉でマジメ。ただそれは、必ずしもポジティブに捉えられているわけではないようだ。残業時間の多さや、家族より仕事優先が当たり前という仕事観は、あまりよろしいものではないと思われている。「日本の会社員は仕事のためにしか生きていない感じで、ほかに何もしていない」なんていう意見もあった。

仕事が終わらなくて残業をしているのならまだよいが、「上司が帰らないと帰りづらい」「同僚がまだ仕事をしているのに帰りづらい」という理由(理由かこれ?)でズルズルと会社に残ってしまう人もいる。こうした文化も外国の人からすれば不可解極まりない。あんなに勤勉に、日本人はいったいなんのために働いているんだか。と、思っているかもしれない。

| 022 | 働き方2 |

voice 外国人が見た、ニッポンの働き方！

お昼時間になると**女性たちだけがかたまってお弁当を食べてる**けど、なにかのルールがあるの？
（ブラジル　男性）

ボスの前ではいつも笑ってばかりで何も言わない。日本でボスに意見を言うのは、ダメなのか？
（マリ　男性）

打ち合わせが終始静かでびっくり！会議で問題にならないように事前に関係者に話をしておいたんだって
（フランス　男性）

仕事のメールで、**よくCCにいろんな人を入れる**のが驚き。私が働いたEUの国だと、責任が誰にあるのかを明確にするのが原則
（スペイン　女性）

デスクがあまりにも**オープン**すぎて集中できない…
（イギリス　男性）

日本人って、仕事ではものすごく複雑なコミュニケーションをしている?

日本の変な働き方は、残業だけにとどまらない。お昼になると集まる女性社員たち。上司の前で何もいえない平社員。打ち合わせの前に根回しをする営業。メールではやたらとCC……。外国から見れば、日本のビジネスの現場には不思議で複雑なコミュニケーションが数多く存在するようである(それゆえ仕事が多くなり、残業も多くなるのか?)。

日本は「以心伝心」の文化であり、「言わなくてもわかる」コミュニケーション、とはよく言われるが、おそらく日本のビジネス文化においてはそういうわけにもいかないのだろう。根回しやメールのシェアは、「言わなくてもわかる」が通じなく、どうしていいかわからない日本人が迷走しながら作った習慣かも? なんて妄想も生まれてくる。

023　飲み会

voice　外国人が見た、ニッポンの飲み会！

飲み会を断る新入社員？
なぜダメなんだ。
むしろ普通のことじゃないか
（ヨーロッパ　男性）

飲み会で、なぜ<u>上司に飲み物を注がなければならないの？</u>
女性は人に飲み物を注いではいけないと言われて育ったからとても不思議
（ブラジル　女性）

仕事が終わってまで、
<u>なぜ同僚の愚痴を
聞かなければならないのか。</u>
早く帰りたいのに
（アメリカ　男性）

そもそも何かにつけて
飲み会を開きすぎだと思う
（ルーマニア　女性）

「飲みニケーション」は、どうやら日本だけのガラパゴス文化?

飲み会に対する外国の声を見ていると、どうやら「仕事の延長で飲み会がある」というのが理解できないようである。いまではそうした慣習も薄れつつあるのかもしれないが、飲み会で上司とうまく関係を作ることが出世にもつながるといったことは、おそらく日本でしか起こりえないことなのだろう。「飲みニケーション」という言葉も巷にはあるが、日本だけの独特なものなのだろう。

仕事とプライベートをきっちり分ける国が多い、ということも見えてくる。上司との関係に絡めて、上司にお歳暮やお中元を贈る文化もよくわからないという人もいた。世界の中でも「公私混同」がすごいのが日本であり、それゆえ働き方は複雑で、気を配らなければならないことも多いと言えそうだ。

| 🏠 | 024 | 職業 |

voice 外国人が見た、ニッポンの職業!

デパートに、**エレベーターを操作する**女性がいる!
(カナダ 女性)

広い駐車場で誘導している人は、それしかすることないのか?
(オーストラリア 男性)

駅に**エスカレーターの手すりを拭いている**おじさんが!
(ロシア 男性)

「さおだけ〜」と回ってくる、さおだけ屋がユニーク!
(台湾 女性)

結婚式での**ニセ牧師**が不思議すぎる……
(イタリア 女性)

ちなみにニッポンは、仕事をする人の「呼び名」も多い。

コメントとして載せたのはごく一部だが、外国から見た日本の変な職業というのは、挙げればおそらくキリがない。「日本は5分の仕事を6時間にするのが得意だ」などと揶揄する声もあったのだが、ポジティブに捉えれば、日本人は仕事を見つける／作るのがうまいと、言えるのかもしれない（その仕事が必要かどうかは置いといて）。

また、日本は職業や役職ごとにの呼び名が多いというのも特徴だという意見もあった。なるほど確かに会社だけでも「社長」「専務」「部長」「次長」「課長」などと、いくらでも存在する上に、医者や弁護士は「先生」だし、旅館では「女将」だし。外国の人が日本で働くには、なにかと苦労が多そうだ（しかも呼び間違えると失礼になっちゃうし）。

第 3 章

外国人は見た!
ニッポンの
モノ／サービス

| 025 | ティッシュ

> **voice** 外国人が見た、ニッポンのティッシュ！

道で、**ただでティッシュを配ってる**ってすごい。記念にとってある
（ギニア　男性）

ティッシュもらったら、**エッチな広告が**入っていてビックリ！
（メキシコ　男性）

ただでもらえるのに**日本のティッシュはやわらかくて高級**な感じ！
（アルゼンチン　女性）

日本に住んだおかげで、**出かけるとき必ずティッシュをもって行く**のが習慣になったよ
（アルゼンチン　男性）

数層からなるトイレットペーパーなんてみたことない。しかもトイレに流せる！
（エジプト　男性）

日本のティッシュ配りが、
世界に広まったら
すごくいいのに。

よく耳にする話ではあるが、外国人が日本に来て驚くもののひとつに、街頭でのティッシュ配りがある。今回得られたコメントでもティッシュ配りに注目したり、タダでもらえることに驚く声は多かった。しかもタダでもらえるうえに、日本のティッシュは品質が良い。

「出かける時にはハンカチ、ちり紙を持ちましょう」と教えられる日本人。だが、そもそもティッシュを携帯するという文化も世界では珍しいもののようである。タダでもらえるし衛生的だし、ティッシュ配りが世界で広まったらいいのに!と思うけど、どうやらそれができない理由は「治安の悪さ」らしい。聞いた話では、1度日本の業者がニューヨークでティッシュ配りをしたのだが、爆弾かなにかと警戒してだれも受け取らなかったことがあるのだとか。

| 026 | ハイテク |

voice 外国人が見た、ニッポンのハイテク!

いま世界に出回っている
カメラって、
ほとんどが日本製じゃない!?
(イギリス 男性)

日本のお風呂は温度も
管理できてすごいけど、
**バスタブにどれだけのものを
求めてるの?**
(アメリカ 女性)

QRコードってなんだろう?
って思ってたけど、
めちゃくちゃ便利じゃん!!
(ドイツ 男性)

頭につけた
猫耳が脳波で動くって、
日本人なに考えてんだwww
(フランス 男性)

日本の技術がスゴイというか、そこまでの技術を求める日本人がスゴイ。

日本のハイテク技術を賞賛する声はもちろん多かったのだが、興味深かったのは「すごいけど、どうしてそこまで求めるの?」といったコメント。確かにコメントのバスタブのように、技術はすごいがそこまでする必要があるか?というものも、外国人から見れば少なくないのだろう。

日本人はそうした技術の進化を容易に受け入れ、楽しめる人々であるということも言えるような気がする。新しい技術を楽しめるターゲットがいるからこそ、作り手は新しい技術を生み出したり、応用したりする。そうでなければ、「人感センサーで動く猫耳」なんてものが生まれるはずもない(笑)。技術を追い求める日本人のすごさは、これからもいろんな意味で世界を驚かせてゆくのだろう。

| 027 | お土産 |

voice 外国人が見た、ニッポンのお土産!

うまい棒を嫌いな子供は世界中どこにもいない!
(ドイツ 男性)

神社でお守り買うのがいいよ。いろいろな目的に対して特別な魔法がかかってるから
(アメリカ 女性)

オーストラリアの僕から見ても、「コアラのマーチ」は超かわいい
(オーストラリア 男性)

日本のカレールーはインド人こそ食べるべき
(インド 男性)

チェコ人の友達に「きのこの山」がウケた。きのこ狩りがポピュラーだからね
(チェコ 女性)

「その国の文化に合わせた おもしろいもの」が、 新たなおみやげ需要のチャンス?

伝統工芸品などのいわゆる一般的なお土産はもちろん人気だが、現在ではお菓子や家電などがトレンドのようだ。日本らしいものを簡単に買える場所として「神社」をあげる人も多く、「キーホルダーとかもかわいいけど、安いものは Made in China だから」なんていう意見もあった。

意外な発見だったのは、「あえてその国のものが関係するお土産」という視点。オーストラリア人にコアラのマーチ。チェコ人にきのこの山。さらに、日本のカレーはインド人も感動の味?らしい。さすが日本の応用力といったところだろうか。探せば世界各国のモチーフをカバーできる気がする。

日本のお土産屋さんも、工夫次第では新たなヒット商品を発見できるかもしれない。

| 028 | 傘 |

voice 外国人が見た、ニッポンの傘!

ビニール傘って、
ダサくないですか
(ペルー 男性)

家電店で、
濡れた**傘を袋に入れる**
のがスゴイ!
(インドネシア 女性)

ビニール傘は
環境に良くないと思います。
**雨が終わった途端に
捨てられます**から
(ロシア 女性)

**傘が透明なのは
便利**だと思う。
なぜか日本でしか
見たことないね
(フランス 男性)

傘の盗難が多い。。。
日本人はものを盗まないと
信じていたからすごくガッカリ
(エジプト 男性)

モノを大切にする日本人が、傘だけは大切にしない？

日本でいちばん身近な傘といえば、ビニール傘。急な雨に降られてもコンビニですぐ買えるお手軽アイテムだが、外国人の反応は賛否両論だった。

「透明なのが便利」と思う人もいれば、「ださい」「捨てられるから環境に良くない」という人も。否定的なコメントの中でも特徴的だったのが「盗まれることが多い」というもの。確かにコンビニの傘立てにビニール傘を立て、買い物をして出てきたら自分のがなく、しぶしぶ他のビニール傘を……という経験のある人も少なくないはず。モノを大切にするイメージのある日本人だが、意外と傘に関しては邪険に扱っている印象のようだ（それもビニール傘の功罪か？）。

便利だしなくしちゃいけないものだけど、簡単に捨てたり電車に忘れたりするのは、「モッタイナイの国」らしくないかも。

029　デパート

voice　外国人が見た、ニッポンのデパート！

デパ地下は、
買う前にも色々な**食べ物を
試すことができる**のがCool!
（アルゼンチン　男性）

食品の見た目や匂いがナイス。
あと**アレルゲンのリストを
表示してくれてる**のも◎。
ただ、高い。。。
（ペルー　女性）

どうしてワンルーム
ぐらいの広さの店に
**2〜3人の女性店員を
配置**するのか？
（カナダ　男性）

朝行くと、**店員が並んで
お出迎えしてくれる。**
ものすごくエレガント
（マレーシア　女性）

**ラッピングが
ものすごく丁寧！**
あれは真似できない
（モロッコ　女性）

買い物をしなければ、
タダで相当楽しい場所？

日本のデパートで、何よりも称賛の声が多かったのが「デパ地下」。所狭しと並べられている食べ物はどれも美味しそうで、しかも試食までできる（試食だけでお腹いっぱいになれるという声も）。さらに、アレルギー表示などのきめ細かな気配りも魅力のようで、多くの外国人にとって楽しめるスポットのようである。

それだけでなく、ラッピングが丁寧だったり、朝一番に行けば店員が向かい合わせて出迎えてくれて、まるで王様気分。サービスもこの上なく素晴らしいのだが、なにしろネックなのはモノの値段が高いところ。外国人にとっては「買い物はオススメしないけど、行くと楽しいよ」という感じの場所なのかも。

| 030 | 居酒屋

voice 外国人が見た、ニッポンの居酒屋！

リモコンでオーダー
するってすごい！
店員さんは来ないの？
（ロシア 女性）

日本の
"Nomihoudai"はCool！
定額で何でも飲み放題なのは
たのしい！
（ヨーロッパ 男性）

おしぼりは最高。
手を綺麗にできるし、
衛生面でも良いね
（タイ 女性）

居酒屋のメニューは
外国人に優しいの。
必ず写真がついているから。
頼みやすいよね
（アメリカ 女性）

**ホラー映画みたいな
レストラン**が！
日本の居酒屋って、
面白いことづくしだ
（フランス 男性）

おしぼり、飲み放題、注文パネル。やたらシステマチック、だけど楽しい。

日本の居酒屋（特にチェーン的な店舗）は、外国人から見れば特にエンタテインメント性が高いようだ。リーズナブルな飲み放題がある。おしぼりが出てくる（しかも夏は冷たく、冬は温かい！）。注文を機械で行う。日本ではとっくに普通のことだが、それらをまるでアトラクションのように楽しんでいる印象すらあった。

興味深かったのは、「居酒屋のメニューは写真が多いから、日本語がわからなくても頼みやすい」というコメント。これはなるほどと思える視点。確かに外国のレストランを考えても、あんなにグルメカタログのように写真が載っているメニューは珍しいのかも知れない。でもこれって撮影大変だし、結構血と汗の結晶だったりするんだよね……つくづく日本人はすごい。

| 031 | 自動販売機

voice 外国人が見た、ニッポンの自動販売機!

温かいコーヒーも冷たいビールも食べ物も、**24時間年中無休で買える**からすごい
(ルーマニア 男性)

自動販売機がなければ、**失業率下がる**んじゃ……
(韓国 男性)

自動販売機で何が一番重要かって言ったら、**やっぱ治安の良さ**なんだよね
(サウジアラビア 女性)

ちょっと歩いただけで自販機が見つかる。もはや日本は自動販売機の国だね
(スペイン 男性)

ひと気のないところに自動販売機があるし、**それが壊されても盗まれてもいない**なんて
(キューバ 男性)

そもそも自動販売機が成り立つって、平和な国だという証。

「喉が渇いたな」と思えばすぐ近くに見つけられるし、地下にだってビルの高層階にだってどこにでもあるのが自動販売機。しかも飲み物だけでなくちょっとしたお菓子やアイスやタバコなど、なんでも買える。その文化は外国人の目にはやはりユニークなものに映るようだ。

そして、自動販売機そのものもそうだが、自動販売機が当たり前のように存在している「治安の良さ」が最も驚くべきポイントのようだ。「うちの国ならすぐさまボコボコに壊されてる」といったコメントもあり、考えてみると人が壊した自動販売機というものを、およそ見かけたことがない（お釣りの取り出し口をチェックするくらいはかわいいものか）。

自動販売機の国、日本。それはとても平和な国ということの表れなのだ。

| 032 | 100円ショップ |

voice 外国人が見た、ニッポンの100円ショップ！

食器とか
日本の民芸品も
**全部100円は
ウソみたい！**
（インド 男性）

100円なのに
メイク道具から日用品まで
クオリティが高い
（トルコ 女性）

自国ではデパートなどに
しか売っていない
高額なファイバータオルもあった！
お土産にぴったり
（タイ 男性）

母国にも幾つかダイソーの
店があるんだけど
全部、2.80ドルなんだよね
（オーストラリア 男性）

100円ショップは、
いまやお土産の
「マストバイ」スポット。

外国人が旅行で日本に来た時、お土産を買うためにこぞって訪れるのが「100円ショップ」なのだそうだ。食器や文房具や、たとえばうちわのような民芸品など、お土産にぴったりなものがなんでも100円。さらには化粧品や日用品など、旅行中に使えるものまで売っている。しかもモノによっては自国のものよりクオリティが高い。外国人からしてみれば夢のようなスポットなのだろう。

一説には、この100円ショップの普及によって、観光地などのいわゆるお土産屋さんが思わぬダメージを食らっているらしく、中には古き良き日本の文化が100円ショップで外国人に伝わるのか？と危惧する日本人もいるとかいないとか。

ともあれ、いわゆる「バラマキ系」を買うためのチョイスが「100円ショップ」というのは、確かに頷ける。

| 033 | カラオケ

voice 外国人が見た、ニッポンのカラオケ!

自分の国にもあるよ!
カラオケ大好き!
ストレス発散には最高!
(フィンランド 男性)

歌が上手くないので
行きたくありません
(アメリカ 女性)

少人数のカラオケボックスはいいね。
自分の国だとバーの中のステージで
皆の前で歌うしかないから
(アメリカ 男性)

1人でカラオケって、
高齢化も関係してる?
(イギリス 女性)

日本人はなぜ1人で
カラオケに行くの?
お金が余りすぎているのか?
(中国 男性)

「カラオケ」は世界に広まったけど、「カラオケボックス」はそうでもない。さて「1人カラオケ」は……?

日本で発明され、いまや英語にもなっている「カラオケ(Karaoke)」。世界でも楽しんでいる人は多いようだけど、日本のような少人数の「カラオケボックス」の形式は珍しいらしく、カラオケバーで知らない人の前で歌うという、日本で言えばスナックのような楽しみ方が多いらしい。「下手だからイヤだ」という意見も、その形が影響しているのかもしれない(ボックスでもイヤな人はイヤか)。

また、近年日本で広がりつつある「1人カラオケ」に関しては、海外から見れば不可解な部分も多い様子。「下手だからイヤ」という人ほど楽しめるような気もするのだが、果たして1人カラオケが世界に広まる日は来るのだろうか……?

034 店員

voice 外国人が見た、ニッポンの店員!

接客態度は**日本の方が親切**。おもてなしの心を強く感じます
(中国 女性)

「**お客さんは神様**」という**姿勢**がステキ。スペインの店員は悲しい顔をしていたり、ちょっと怒っていたりする
(スペイン 男性)

どのお店でも**優しく平等に対応**してくれるのがgood. 自国では客の身なりで接客方法が変わることも
(ウズベキスタン 女性)

礼儀正しくて客を追い回したりしないけど、定期的に聴こえる「irrashaimaseeeeee」は、本当にイライラする
(ドイツ 女性)

堅苦しくて**人間味が無い感じ**がしますね
(フィリピン 男性)

節度のある対応は素晴らしい。でも「いらっしゃいませ〜」の連呼は節操ない?

日本の商売の基本原理とも言っていい、「お客様は神様」という考え方。これは外国人のお客さんからみても気持ちの良い態度であるようだ。

誰にでも笑顔で迎えてくれる。押し売りのような強要はせず、礼儀正しい。デパートやレストランだけでなく、ファストフードのお店などでも徹底されている接客態度は、「さすが日本人!」と世界中が納得の様子。

ただし、それと同時に口を揃えて出てきたのが「いらっしゃいませ〜」の連呼がイケてないという意見。1人が声を出せば全員がやまびこのように共鳴し合うあいさつは、あまり気持ちのいいものではないらしい。みんなクオリティの高い接客をしてくれるけど、もっと店員さんの個性が出れば文句ナシ。という感じなのかも。

035　食品サンプル

voice 外国人が見た、ニッポンの食品サンプル！

なんかもう**笑っちゃうくらい本物**なんだけど！
（アメリカ　女性）

とにかく凄い。**これは芸術**だね！
（ドイツ　男性）

メニューだけじゃ何を頼んでいいのか分からない。全てのレストランにサンプルを置いてる**日本人は超頭いいぜ**！！
（オーストラリア　男性）

美味しそうに見えすぎて**お腹が減る**。それがこの意図か！?
（ブルガリア　男性）

お土産に買って帰りたいけど、**値段そこそこする**んだね。。。
（シンガポール　男性）

芸術性だけじゃない。そもそも食品サンプルという発想がSo Cool!

日本で初めて食品サンプルがつくられたのは、大正時代だという。意外にも古い歴史を持つ食品サンプル。もともとは集客装置であったと言われているが、なんと実は外国人旅行者を救う画期的ツールとして機能していた。

日本語で書かれているだけではわからないメニューが、食品サンプルがあることでオーダーに困らない。しかも精巧に作られているだけに、どれもおいしそう。ちゃんと食べたいものと同じものが出てくるという安心感もあるので、外国人たちはリアルな造形だけでなく、その発想まで大絶賛。

いまでは少しずつ世界にも広がりつつあり、韓国や上海ではすでに定着しつつある模様。これがグローバルスタンダードになったら、世界中の人々がもっと旅行を楽しめるはずだ。

| 036 | 旅館 |

voice 外国人が見た、ニッポンの旅館!

夕方になるとみなさん構わず**浴衣で外出**するのにびっくり!
(ブラジル 女性)

旅館は**日本を体験するのに一番素晴らしい**場所だよね
(アメリカ 男性)

日本の旅館で、みんな早く寝て早く起きて、朝ご飯を6時から食べていた。**休みの日もまじめ**な日本人はすごい
(ラオス 男性)

旅館のスタッフってまるで母親のようだね
食事を持って来てくれたり、布団の準備までしてくれたりとか(笑)
(スリランカ 女性)

ある程度ちゃんとした旅館にとまりたいけど、**高いんだよね**旅行者には…
(メキシコ 男性)

お母さんみたいな女将が心を尽くし、子供のように早寝早起き!?

外国人から見れば、旅館は日本文化を体験できる最適の場所のようだ。ただ、きちんと体験するためにはそれなりの旅館に行くのがいいけど、料金が高いのが玉にキズ。そんな印象を持っている人もいた。

日本の文化が凝縮されているだけに、外国人から見れば「?」という風習も幾つか。レジャーで行っているのに早寝早起きになったり、パジャマであるはずの浴衣で外を出歩いたりといった独特の「流儀」には、驚きを隠せない様子。

女将さんや仲居さんが布団も出してくれて料理も運んでくれる。そんなお母さんみたいな厚いもてなしに癒され、ひょっとすると日本人は、旅館で子どもに戻っているのかも?

037　マンガ喫茶

voice　外国人が見た、ニッポンのマンガ喫茶！

高速インターネットのできる
パソコンがあって、
テレビがあって、ドリンクバーや
自動販売機があるなんて！
日本に行かなくちゃ
（ギリシャ　男性）

シャワーまであるのは
すごく驚いたよ！
1年くらいいても
いいのかなw？
（アメリカ　男性）

ホテル予約しなくても
日本旅行の計画を立てられるし、
観光巡りができて、
最高じゃん！！！
（フィリピン　男性）

これはアメリカでは
決してうまく行かないな…
本は破られるだろうし、
コンピューターは壊されるし、
個室では口にするのも
はばかられるようなことが…
（アメリカ　男性）

ここにずっと住んでいる人も
いるんでしょ？
それは信じられないな。。。
ちょっと悲しくなる
（イギリス　男性）

宿泊先の代わりとしても最高。でも長期滞在できるか？は賛否両論。

パソコン、ドリンクバー、軽食、シャワーetc.マンガ喫茶もいまではかなり設備が充実し、もはや泊まるのにも不自由ないほどになった。ただでさえ、ありとあらゆるマンガが読み放題のスペースというのは外国人の興味を引くようで、「オタクの天国」と称するコメントもあった。

外国人旅行者の中では、安宿代わりとしてマンガ喫茶を使うというチョイスも広まりつつあるようで、予約もいらないし日中はその街を散策できるしと、「かゆいところに手が届く」サービスでもあるようだ。ただ、長期滞在できるか？といわれれば、そこは意見が分かれ、いわゆるネットカフェ難民に否定的な人も。

他のテーマでも言及しているが、やはりマンガ喫茶においても、これが成立するのは「日本の治安が良いから」という側面は間違いなくありそうだ。

038　映画館

voice　外国人が見た、ニッポンの映画館！

日本の映画館は**とても静か**。おもしろい場面でつい大きな声で笑ったら、周りの人からビックリした顔で見られてしまいました
（カナダ　女性）

貞子の3D映画を見たのですが、**みんな怖がっていなくて**ビックリしました
（中国　男性）

日本では映画館の売店以外の食べ物の**持ち込みが禁止**で驚きました　台湾では大抵OKです
（台湾　女性）

日本では**エンドロールが終わるまで照明は暗いまま**。席を立つ人も数人しかいない
（韓国　男性）

コメディで笑っちゃいけないの？
ホラーで悲鳴もいけないの？

最近では「みんなで歌う上映会」といったものもあり、日本の中でもそのあり方が変わりつつある映画館。でも、大抵の日本の映画館は「静かすぎる」というのが外国人の印象のようだ。

コメディで面白いシーンでも笑わない。それどころかホラー映画でもだれも怖がっていない。他人の映画視聴を邪魔しないようにという共通認識は、どうやら日本独特の考え方のよう。エンドロールまでしっかり見る人が多いところも含め、こういったところでも日本人の真面目さがうかがえる。

ちなみに余談だが、昨年大ヒットした「アナと雪の女王」には各国語の「アナ雪」ソングがあり、一説には日本語のアナ雪ソングが「いちばんカワイイ」とダントツ人気なのだとか。

039 レストラン

voice 外国人が見た、ニッポンのレストラン！

こんな**素晴らしい食事**が
こんな**素晴らしいサービス**付きで
こんな**安価**で！
（アメリカ　男性）

**ドリンクバーの
種類の多さ**が
マジですごい
（ベトナム　女性）

どのレストランでも
おしぼりくれるのがいいね！
（タイ　男性）

席に**店員さんを呼べる
ボタン**があるんだよね。
あれはお客にとっても店員に
とってもいいことだと思う
（スペイン　女性）

レストランの
食券のシステムに
びっくり！
（オランダ　女性）

日本のレストランって、実はとっても合理的？

レストランに関する外国人の反応を見てみると、日本のレストランはすごく「合理的」なんだなという印象を持った。店員さんを呼ぶボタン、セルフサービスのドリンクバー、オーダーの手間を省く食券。きめ細かなサービスを適材適所で機械化したり、客に委ねたりしていることがうかがえる。それで料理の値段がリーズナブルなのだから、言うことなしなのかもしれない。

レストランといえば最近「ロボットレストラン」なるものが話題にもなったが、すでに外国人旅行者の人気スポットになっているそうだ。来日する有名人でも、ロボットレストランを訪れる人は多いらしく、外国人は皆、別の意味で日本のレストランのすごさをそこで感じているのだろう。

第 4 章

外国人は見た！
ニッポンの
食

| 040 | 和食1

voice 外国人が見た、ニッポンの和食！

明日死ぬって言われたら、**最後に食べたいのは日本食**だな
（ヨーロッパ　男性）

日本の文化は大好きだけど、**生玉子はいただけない**
（国籍不明　女性）

朝から魚を食べる国なんて他にあるの？
（アメリカ　女性）

日本はフルーツの皮をむいて食べるんだね。私はリンゴ、バナナ、キウイを皮つきで食べるよ
（ドイツ　男性）

やっぱ日本で食べる日本食サイコー！**母国の日本食レストラン**は食べる価値もないからな…
（アメリカ　男性）

世界にも広がってはいるけど、やっぱり日本人が作る和食は真似できない。

2014年には世界遺産にもなった和食。その味や豊富な種類に魅了される外国人はやはり非常に多く、「和食は世界一」「死ぬまでに食べたいのは和食」など大絶賛だった。日本食のレストランも世界のいろいろな国に広がりつつあるけど、やはり日本で食べる和食に比べれば月とスッポンで、和食好きの外国人も満足はしていない様子。

とはいえ外国から見れば不思議な日本の食文化というのは当然あって、意外にも多かった意見が「朝食の生卵が理解できない」という意見。個人的には生卵といえばシルベスター・スタローンも映画の中でがぶ飲みしていたくらいだから、そんなにハードルの高い食べ物でもないような気もするのだけど……。

いまや世界が認めるニッポンの和食。「絶対に和食は嫌い！」という人はいま世界にいるのだろうか？

041　和食2

voice　外国人が見た、ニッポンの和食！

霜降り肉は油ギトギトで
おいしくないよ
（ドイツ　男性）

焼き鳥は、
**内臓や皮まで食べつくす
のが日本的**でいいね
（アルゼンチン　女性）

**エビを生きたまま
食う**なんて、
なんてサディスティック
なんだ
（ロシア　男性）

馬を食べるのは
イギリスではありえない
ので、ビックリ！
（イギリス　女性）

あんこだけは絶対に
受け入れられない。
なぜ小豆を砂糖で煮るの？
（イギリス　女性）

せいぞろいへんないきもの
早川いくを/寺西晃・絵

大ベストセラー『へんないきもの』と『またまたへんないきもの』が1冊に！実在する珍妙生物を130種収録。本当に本当、すべて実在。どうしてこんなにへんなのか？

1500円
9784862381309

へんないきもの／またまたへんないきもの
早川いくを/寺西晃・絵

音波兵器を持つエビ、足が85本のタコ、目から血を噴くトカゲなどなど、世界をうごめく珍妙で奇怪な生き物たちを詳細解説。全イラスト付き。累計45万部の大ベストセラー！

各1500円
(へん)9784901784504
(また)9784901784771

人は死なない
ある臨床医による摂理と霊性をめぐる思索　矢作直樹

東大病院救急部・集中治療部のトップであり教授である著者が、自らの体験を通して、「人智を超える大いなる力」と「生の連続性」、そして「人はいかに生きるべきか」

1300円
9784862381781

古代ギリシャがんちく図鑑
芝崎みゆき・画と文

おなじみのオリンポス12神から、ギリシア神話、歴史のあまたあるエピソードのオイシイところを、なごみ系イラスト＆エッセイでまとめて一挙紹介。満足度100％！

1700円
9784901780319

古代エジプトうんちく図鑑
芝崎みゆき・画と文

スフィンクスの謎、エジプト王朝ファラオ132人の解説、遺跡発掘に関わった偉人伝、神話、著者のエジプト脱力旅行記などを収めた全編イラストづくしのお得感あふれる300頁。

1600円
9784901784429

人は生きる
バジリコ編集部

なぜ生きるのか、どう生きるのか。ベストセラー『人は死なない』に導かれる生老病死の実相、そして心と身体の構え方。いまを生きるための癒やしと勇気の書。2歳児と天才与謝

1300円
9784862382092

芥川賞物語
川口則弘

特異で滑稽、けれども絶対気になる日本一有名な文学賞。第1回から第147回までの受賞作と候補作の選考過程にまつわるエピソードを網羅した〈権威〉と〈喧嘩〉のドキュメント。

1800円
9784862381194

ペルセポリス―イランの少女マルジ／II マルジ、故郷に帰る
マルジャン・サトラピ／園田恵子・訳

1979年イスラーム革命以降の激動の時代を、悲しみと怒りとユーモアで彩り、斬新なタッチで描いた自伝的グラフィックノベル。30ヶ国以上で出版された世界的なベストセラー。

I 1400円
II 1500円
9784901784658（I）
9784901784665（II）

幸福の王子
オスカー・ワイルド／曽野綾子・訳／建石修志・画

現在だからこそ、多くの人々に読んでもらいたい不朽の名作。王子とつばめが紡ぐ無償の愛の物語を曽野綾子入魂の新訳と建石修志の美しい画でお贈りする決定版。オールカラー。

1000円
9784862380364

F機関
藤原岩市

「F」はフレンドシップ、フリーダム、フジワラの頭文字。大東亜共栄圏の夢を愚直に信じた藤原少佐とF機関の栄光と挫折の軌跡を詳細に綴った貴重な手記。

2200円
9784862381897

広辞苑の中の掘り出し日本語
永江朗

辞書は読んでも面白い！『広辞苑』の中の知らなかった言葉、ぐっときた言葉の数々を、手だれの文章家が精快な読書エッセイとして綴る『男と女の日本語』／1400円／9784862381927③『佐鳥風月編』／1200円／も好評発売中！

1200円
9784862381774

直木賞物語
川口則弘

小説より面白い文学賞の世界！第1回から第149回までの候補作と受賞作、選考過程に関わる資料を丹念に調査し、書き下ろした本邦初の大労作ノンフィクション。

2400円
9784862382061

バジリコ出版案内

太平洋の赤い星
中国海軍の台頭とその脅威

「防衛官僚」必読の名著。日本の安全保障に大きな影を落とす中国のシーパワー。第一級の海洋軍事アナリストが、中国の軍事戦略・戦術を包括的に分析した労作。

トシ・ヨシハラ&ジェームズ・R・ホームズ/山形浩生・訳

2400円
9784862382078

証言 陸軍中野学校
卒業生たちの追想

大東亜戦争下、軍服を脱ぎ背広を着て「見えない戦争」を戦った諜報のエリートたちの貴重な証言をもとに構成された労作ノンフィクション。

斎藤充功

1900円
9784862382016

敗戦真相記
予告されていた平成日本の没落

没落と混迷はすでに予告されていた!「失敗」の本質を鋭く衝いて知の輝きを放つ、昭和20年廃墟の広島における第一級の歴史的講演録。

永野護

1000円
9784862381910

人でなしの経済理論

人命の価値、喫煙・禁煙の是非、臓器売買、著作権保護、日照権をめぐる争い、製造物責任など、様々な領域での意外なトレードオフを浮き彫りにする、費用便益分析入門。

ハロルド・ウィンター/山形浩生・訳

1500円
9784862381323

新世紀メディア論

福音か?最後通牒か?次代メディアの運命を左右する衝撃の書。進化したい者たち必読の書。

小林弘人

1500円
9784862381293

戦争の経済学

ミクロ・マクロの経済理論を駆使して、第一次世界大戦から、ベトナム戦争、湾岸戦争、イラク戦争まで、現実の戦争の収支を徹底分析!戦争は経済

ポール・ポースト/山形浩生・訳

1800円
9784862380579

ニンフォマニア先生の型破りな知恵

スティーヴン・ランズバーグ／清宮真理・訳

常識を転倒させる実証経済学。「SEXの相手を増やせばエイズの蔓延は防げる」などの反常識ロジックが盛りだくさん。ベストセラー経済学者が、世界の仕組みに対する新しい視点をもたらす。

1600円
9784862381815

六〇歳から始める小さな仕事

瀬川正仁

第二の人生に「お金」ではなく「幸せ」を求めて活躍している28人の実例を紹介。「先行きが見えない老後」ではなく、「楽しければどうにかなるさ！」の生き方集の決定版。

1400円
9784862381767

老いて男はアジアをめざす

熟年日本男性のタイ・カンボジア移住事情

瀬川正仁

人生の終盤を、日本から離れタイなど東南アジアの国で生きることを選ぶ高齢者たちが少なからずいる。物価、気候、ホスピタリティなど魅力のポイントはいくつかあるが、とりわけ男性たちにとって大きいのが「若い女性との出会い」である。そんな東南アジアで暮らす日本人男性の哀愁ノンフィクション。

1800円
9784862380999

僕が18年勤めた会社を辞めた時、後悔した12のこと

和田一郎

大反響のブログを書籍化。会社人生はゲームなのだ。ゲームは勝たなきゃ面白くない。僕がなぜゲームに負けて会社を辞めることになったのか？辞めたらこそわかった会社生活を充実させる12の真理。

1300円
9784862382153

僕のNHK物語

あるドキュメンタリストの追想

冨沢満

TVドキュメンタリー「ある人生」を振り出しにし、名作「四天王寺界隈」・「井伏鱒二の世界」をはじめ、実に四六年の長きにわたって作り続けたアルチザンが綴る、過ぎし日の記憶。

1800円
9784862381828

職業、コピーライター

広告とコピーをめぐる追憶

小野田隆雄

「恋は、遠い日の花火ではない。」資生堂とサントリーの広告を中心に、数々の名コピーを世に送り出した宣伝文案制作者が回想する広告とコピーの時代。

1800円
9784862381934

バジリコ出版案内

支那の体臭　後藤朝太郎

中国の本質を理解するための一助となる好著再刊。数千年経てもなお変わらない中国社会の19 20～30年代の風俗探訪ルポルタージュ。

2000円
9784862381972

好きなことだけやればいい　中村修二

祝！ノーベル物理学賞

「嫌いなことを我慢するからダメなんだ！」一地方企業のサラリーマン研究者が、どのようにして世界を変える高輝度青色発光ダイオード（LED）の製品化を成し遂げたのか、その発想と生き方のエッセンスを伝授する。

1500円
9784901784009

集める人びと　瀬川正仁

蒐集の小宇宙

人はなぜ集めるのか、モノに魅せられ、それを集めるコレクター。その動機、人生を追いかけ、コレクションとともに収納したルポルタージュ。昭和家電、おもちゃ、鉄道、

2000円
9784862382146

塀の中の運動会　美達大和

主人公の光岡は妻子ある平凡なサラリーマン。魔が差して使用した「覚醒剤」のおかげで逮捕され、さらに送られた先が「LB刑務所」という「長期・再犯刑務所」。その中で罪と向き合い、家族を思い、自分の人生をあらためて歩む状況をまるで群像劇に。刑務所内にしか書けない、リアル小説！

1600円
9784862381903

生きる意味を教えてください　田口ランディ

命をめぐる対話

「ひとはなぜ必ず死ぬのに生きるのか」一人の若者から届いたメールが、作家田口ランディの心にスイッチを入れました。その問いに対する答えを探して、同じ問いを共有できるさまざまな人々と交わした、生きる意味について考える重量級の対話集。

1600円
9784862380722

琉球独立論　松島泰勝

琉球民族のマニフェスト

なぜいま独立なのか。「琉球の真実」を知れば、「琉球独立」が決してトリッキーな言葉遊びなどでなく、極めて普遍的でオーソドックスなテーマであることがわかっていただけると、ここ日で琉球が見え、そして

1800円
9784862382115

バジリコ
出版案内

2015年5月

〒130-0022　東京都墨田区江東橋3－1－3　TEL.03－5625－4420
http://www.basilico.co.jp/

【ご注文について】
◎定価　桁の数字は書名コードです。
書店にご注文の際は、書名または書名コードをご提示ください。
（※表示価格は本体価格です）

日本人なら誰もが食べたい高級食材は、意外にも外国人には不評?

和食のさまざまな料理に対し、より深く外国人の声を集めてみると、意外な事実が浮かび上がった。たとえば「霜降り和牛」や「伊勢エビ」といった日本では高級料理とされるものが、食べ方を含め好きではないという声が少なくなかったのだ。

霜降り肉は日本人にとっては「肉汁ジュワ〜」だが、外国人にとっては「油ギトギト」だし、伊勢エビは日本人にとっては「活け造りなんて贅沢!」だが、外国人は「なんて残酷……」ということらしい。もちろん全ての高級食材がそうではないと思うけど、ここに日本人独特の味覚があることが伺える。

和食といっても世界の誰もが認めるのは、いわゆる普段の食卓に並ぶ普通の料理で、ちょっと特別な「日本独特の」料理には賛否両論あり。といったところだろうか。

042 水

voice 外国人が見た、ニッポンの水！

日本では普通に水道水飲めるのに、**どうしてみんな飲みたがらないの？**
（フィリピン　女性）

日本のミネラルウォーターには、水道水にはない**すごいパワーがあるのか…？**
（インド　男性）

水道水は確かに飲めるけど、**フィンランドの方がうまいよ**
（フィンランド　男性）

暑い日に道に水をまき散らすのは何のため？
（アメリカ　男性）

日本はお風呂も毎日入るし、**水道代が高くつきそう**
（スペイン　女性）

水道水が飲めるという ありがたみを、日本人は さほどわかっていない?

日本は世界でも数少ない水道水が飲める国。なのに、いつの間にか日本でも「飲む水＝ミネラルウォーター」という考え方が当たり前になった(ここ20年くらいで急に普及した気がする)。外国人がそんな日本人を見て、「飲める水道水があるのに、なぜ飲まないの?」と思うのは当然と言えば当然。もちろん味の違いやカルキ臭など水道水を飲まない理由もあるにはあるのだろうけど……。

水道水は飲めるし、毎日お風呂に浸かるし、暑い日には水をまくし。外国人から見れば日本の水事情はとても豊かで、日本人の水の使い方はとても贅沢と思われているかもしれない。世界でも稀有なほど水を自由に使えているということを、日本人はもう少し意識したほうがいいのかも知れない(説教くさくなってしまった)。

| 043 | お菓子

> voice 外国人が見た、ニッポンのお菓子!

コアラとか、
お菓子に**かわいいイラストが
描かれている**のが好き!
(アメリカ　女性)

コンビニで
**手軽に超デリシャスな
デザート**が食べられる!
(トルコ　女性)

**オレオは
日本の方が美味しいね!**
(アメリカ　男性)

日本には**いろんな味の
キットカット**がある!!
(イギリス　男性)

「抹茶味」がある
日本のお菓子
サイコー!!
(フランス　女性)

外国人の注目は、
日本で作っている
海外ブランドお菓子!

日本のお菓子はおいしいだけではなく、イラストが描かれていたりなど手の込んだかわいい見た目も人気のようだ(さすが食品サンプルの国である)。また、いわゆるスナック系のお菓子だけでなく、コンビニの努力のおかげでおいしいスイーツも簡単に手に入れられるのは、外国人にもうれしいポイントのようだ。

興味深かったのは、日本で生産されている海外ブランドのお菓子が、自国のものよりおいしいという意見。オレオはアメリカ人が食べても日本のほうがおいしいらしく、キットカットにいたっては、ご当地系などの無数の味が外国人の熱い視線を浴びている模様。

日本のお菓子が、今後ますます世界の注目を浴びるようになるのは、おそらく想像に難くない。

044　お酒

voice 外国人が見た、ニッポンのお酒!

梅酒LOVE。
アルコールは強いけど、
甘くて香りもよくてで
おいしい
(ラオス　女性)

日本酒をソーダで割って
飲むのが好き
(イタリア　女性)

ニッポンは
公共の場所でお酒飲んで
いいんだね
(アメリカ　男性)

コンビニのお酒は安いし
素晴らしいね
(フィンランド　男性)

路上でタバコは
ダメなのに
お酒は良いんだ!?
(メキシコ　女性)

日本のお酒はSo good.
でも、お酒の飲み方は
Not so good？

今回調査した限りでは、外国人から見た日本のお酒のイメージは「おいしくて、安い」といった感じのようだ。もちろん高いお酒は探せばキリがないほどあるが、日常的に買えるお酒はお手頃。特に梅酒の人気は高い印象を受けた。日本酒が好きという人もいたが、同じ醸造酒という点でワインと共通点があるからだろうか。

お酒自体はいいけど、日本人のお酒事情に関しては、やや否定的な意見も見受けられた。公共の場所や路上、はたまた電車の中でまで、人目をはばからずお酒を飲んでいる人がいる。その光景は外国人からしてみると行儀の良いものではないようだ。

せっかくおいしい日本のお酒なのだから、もう少し大切に、節度のある飲み方を考えてもいいのかもしれない。「嗜む程度」という言葉もあるのだから。

| 045 | パン

voice 外国人が見た、ニッポンのパン！

あんパン以上のものはこの世にない！
（トルコ　男性）

ベジタリアン用に
ビーフ抜きカレーパンって
売ってるといいんだけど…
（アメリカ　男性）

なんでアメリカには
こんな素敵なパン屋がないんだろう。
俺たちにはファストフードしか
ないもんな
（アメリカ　男性）

1個100円くらいなの？
安いね！
（フランス　女性）

あんパン、食パン、カレーパン。豊富すぎるパンの種類に大絶賛の嵐。

西洋文化の代表格であるパンも、日本人の手にかかれば、外国人もあっと驚く食べ物に生まれ変わる。

外国人が日本のパン屋を訪れて、何よりも驚くのが豊富なバリエーション。そして、ありえない食材とのコラボ。和菓子のあんこがたっぷりのあんパン、カレーを詰めてからなぜか揚げちゃったカレーパン。学校の購買の定番メニューである、ナポリタンを挟んだコッペパンなんて、イタリア人でも考えつかないはずだ。

パンの味だけではなく、食感についても「柔らかくてふわふわ」といった意見が多く、評価は上々。しかし、噛み応えのあるパンに慣れたドイツ人だけは、「ドイツのパンが一番」と口を揃えて断言していた。

フランスの伝統的な惣菜パン、アメリカの砂糖たっぷりの菓子パンとはひと味もふた味も違う日本のパンが、グローバルスタンダードになる日もそう遠くはなさそうだ。

| 046 | インスタント食品

> voice 外国人が見た、ニッポンのインスタント食品!

日本のレトルト食品は
どれも人気ですが、
特にカレーが超人気。
エスニックな味がとてもおいしい!
(フィンランド 男性)

さすが日本!
ものすごい種類が
売っているね
(アメリカ 男性)

**俺の国に売ってる
インスタント食品は糞まずい。**
日本がうらやましい
(ヨーロッパ 男性)

**自分で食材を足して
アレンジできるのも**
いいね!
(ベトナム 女性)

カップ麺?
カップヌードル?
インスタントラーメン?
名前がよくわからない。。。
(シンガポール 女性)

栄養はさておき、わざわざ食べたいほどマジでうまい。

日本でインスタント食品といえば、お金がない学生か、徹夜で作業している若手社員が食べているようなイメージだろうか。中には大好きな人もいるだろうけど、ふだん積極的に食べるようなものではない。ただ、外国人から見れば、種類も豊富で、どれもおいしい。一種のジャンクフードのような印象を持っている人もいるようだ。日本のインスタント食品を「おいしい」と称える声と同様に「うちの国はまずい！」という声も多かったのもそれを表しているかもしれない。

インスタントラーメンに野菜や魚介をいれたりして、オリジナルなアレンジができる点に注目する声も。それだけでは栄養価は心配だが、日本のインスタント食品なら（ベースがおいしいから）カバーできるということか。

ここまで外国人を惹きつけるのも、すべて日本のメーカーさんの努力の賜物なのだ。

047　お弁当

voice 外国人が見た、ニッポンのお弁当！

日本の**お弁当箱は
アート**だよ！
（ミャンマー　男性）

タコさんウィンナーって、
なんだそりゃw
あの**細かいところ**が好きだな
（オランダ　男性）

とっても小さい弁当箱、
だけど**栄養価は
とても高**そうだ！
（マレーシア　女性）

日本人のお母さんは
子供のために毎日作るの？
WOW！
（イギリス　女性）

お母さんの**お弁当の仕返し**、
怖いけど面白いww
（オーストラリア　男性）

こまかな装飾から仕返しまで、ニッポンのお母さんの底力に脱帽。

日本人研究者に聞いた話では、中学生の時ホームステイをしたアメリカで、ホストマザーがもたせてくれたお弁当は、ジップロックにサンドイッチとバナナという超シンプルなものだったという（それはそれでカッコイイと思ったそうだ）。お弁当箱に所狭しとおかずが並び、しかもタコのウィンナーやら花柄に切ったゆで卵などのこまかな造形を、多くの外国人は驚きと羨望の眼差しで見ているようだ。しかも日本のお母さんはそれを毎日ひたすら作り続ける。どうやら他の国では真似できない文化であるらしい。

お母さんの創意工夫は世界のどこよりも尖っていて、かわいいお弁当だけでなく、怒らせた次の日の「仕返し弁当」（ネットでも話題になった）の発想にも多くの外国人がビックリ。でもそこまでして作られるお弁当には愛が詰まっていて、とても豊かな習慣であることは間違いない。

第 5 章

外国人は見た！
ニッポンの
カルチャー

048 | アニメ

voice 外国人が見た、ニッポンのアニメ！

なぜ**雨に濡れたキャラは軒並み風邪をひく**のだろう？ 俺は雨のせいで風邪をひいたことは一度もないぞ
（アメリカ　男性）

アニメの**女の子のパンティー**は、いつも純白か無地一色かストライプ。なぜだ？
（イギリス　女性）

女の不良が常にロングスカートなのはどうして？
（ポルトガル　女性）

なぜアニメに出てくる男は、**エッチなものをみると鼻血を出す**の？
（イギリス　男性）

なぜ日本のアニメは**1週間に1話**なの？ どうして待っていられるの？
（スペイン　女性）

日本のアニメ大好き！でも独特の"アニメあるある"には、やや困惑気味……。

言わずもがなだが、日本のアニメは海外でものすごく人気が高い。当然外国人からは日本のアニメを愛する声が続出で、「アメリカのディズニー、日本のジブリ」などと評する声もあった。

外国人は日本のアニメをたくさん見ている。でも、だからこそ気になってしまう日本のアニメ独特のテンプレ的な表現があるようだ。「雨に降られると風邪をひく」「女の子のパンティが白か1色かストライプ」など、言われてみれば確かに！と思う視点がいくつもあった。

また、アニメの放送が1週間に1話ずつというのはあまりいただけないらしい。国によっては専門チャンネルで一気に見られたりもするし、日本の子どもが1週間きちんとお話を覚えて待っているのはすごい気がする。

049　マンガ

voice 外国人が見た、ニッポンのマンガ！

日本の作品は質より量。だから**締めくくり方が上手くない**
（アメリカ　男性）

日本人って、**電車の中でよく漫画読んでる**よね
（中国　女性）

日本では**漫画家という職業**がどうしてこんなに確立されてるの？
（タイ　男性）

浮世絵をマンガの元祖と考えれば**1600年代から続いてる!?**
（スペイン　男性）

日本は、**漫画の検閲が少ない**からこんなに発展するんだよ
（フランス　女性）

世界を魅了する日本のマンガ。だから、日本の"マンガ事情"も気になってくる。

外国人の日本のマンガへの愛は本当にすごいのだなと思ってしまった。なぜなら、単にマンガ作品に対するコメントだけではなく、日本のマンガ事情まで考えている人が多かったからだ。日本のマンガは文化というよりももはや産業だという指摘もあり、なるほど目からウロコだった。

日本のマンガは子ども向けから大人向けまでいろいろあるのに対し、特にアメリカなどではマンガといえば子ども／ファミリーのためのものという考え方もあるようだ。そのため日本より表現規制が厳しい国も多く、マンガの発展を妨げている要因になっているのだとか。

日本のマンガについての外国人の声を聞いた結果、なぜか日本のマンガ事情についてより詳しくなってしまった。

050 テレビ

voice 外国人が見た、ニッポンのテレビ！

日本の番組は楽しんでるよ。
ほとんど同じ番組に見えるけど
（ポルトガル　男性）

日本では「タレント」って
呼ばれるけど、
その名の通り
才能があるようには思えません
（シンガポール　女性）

いつも**食べ物、食べ物**。。。
おいしい、おいしい、おいしい、
そればっかり！
（アメリカ　女性）

**どの番組にも
同じ人が出ている。**
彼らは寝ないに違いない。
（カンボジア　男性）

テレビに**ゲイ**が
堂々と出てる！
（ヨーロッパ　男性）

内容も、出てる人も、
日本のテレビはワンパターン？

たとえば東京なら、NHKが2チャンネル＋民放5局と合計で7局くらいしかない。これは実は外国から見れば珍しい現象だという。そのせいか、日本のテレビは外国人からしてみればなんとなく画一的で、ジャンルの幅も狭いように感じられるようだ。

それはおそらく「視聴率」というユーザーの指標が産業に直結しているからだと思う。だからこそ、流行に合わせて旬のタレントは昼夜問わず頻繁に出まくるし、日本人共通の興味であるグルメネタは廃れることがない。そして、同じ情報を繰り返し流す。表現の自由と言いながら表現の幅は限られているというのが、外国人から見た日本のテレビの印象のようだ。

「タレント」が"才能"を意味するタレントでないという指摘もあったが、「バラエティ」というほど実はバラエティには富んでいないとも言えるかもしれない。

051　ゲーム

voice　外国人が見た、ニッポンのゲーム！

大人になっても**大好きなマリオ**。人々に愛されるキャラを作り続けるのはスゴイ
（フランス　男性）

どうして日本のゲームは**複雑なストーリー**になるんだろう？面白いけど理解するのが大変
（タイ　男性）

格闘ゲームは日本のが最高！
（アメリカ　男性）

ゲームの**キャラクター**が**気持ち悪い**。。。
（アメリカ　男性）

VR（拡張現実）で恋愛とか、日本のゲームはなに考えてんだwww
（オーストラリア　男性）

外国人も日本のゲームで育った。
でもいまは、本質的に
求めるものが違ってる？

日本がファミコンを作ったのは、もう30年以上も前のことになる。世界の遊びを変えた日本の発明により、多くの外国人がTVゲームに親しみ、そしてゲーム好きになっていった。マリオをはじめとする日本での人気ゲームは海外でも愛されており、日本のゲーム文化をリスペクトする声は本当に多かった。

一方で、特に最近では、日本のゲームの進化が必ずしも手放しで喜ばれるというものでもない様子で、日本独自のキャラクターやストーリー描写に違和感を覚える人も少なくなかった。これは、日本ではゲームは非現実を描く傾向がある（アニメ的）のに対し、欧米では実際に起こり得る世界を描く（現実的）という違いがあるからなのだそうだ。

とすると、拡張現実で恋愛というゲームは、どういった立ち位置になるのだろうか……。

052　アイドル

voice　外国人が見た、ニッポンのアイドル！

日本のアイドルは、**本当に幼い子が活躍**してるよね
（アメリカ　女性）

別に**モデルでもないし歌も上手くないし**…なぜ人気？
（フランス　男性）

ファンに大人たちがたくさんいるのも不思議
（ロシア　女性）

持っても数年で、**大人数の一人**でしかないのにどうして彼女らはつづけているの？
（イギリス　女性）

日本のアイドルの売り方は、外国人には通用しない?

海外でコンサートを開くアイドルグループも増え、日本のアイドル文化は世界にも浸透しつつあるようにも見えるが、当の外国人は、それほど熱狂してはいない様子だった。

外国人の反応をざっくりまとめると、たくさんの幼い女の子がチームを組み、完成度もまだ高くない音楽やダンスを披露するのがなぜ人気になるのか理解できないという印象。よく日本のアイドルは「成長」や「物語性」で売れると言われるが、その受け入れられ方はどうやら日本独特のものらしい。

海外にもファンが多い日本のアイドルもいるにはいるが、それは音楽やパフォーマンスがすごいという評価であるようだ。「カワイイ」は理解できるけど、それだけで売れるのはわからない、というところだろうか。

053　オタク

voice　外国人が見た、ニッポンのオタク！

日本のオタクはどうして
オタクであることを隠すの？
自分が楽しんでいるだけなのに
（アメリカ　男性）

秋葉原は俺にとって
萌え萌えランドだよ！
（タイ　男性）

まるで、
大きな子供のための街
って感じ
（韓国　女性）

街中で**皆して
任天堂DSやってるのが
クール**だ（笑）
（フランス　男性）

**メイドの
ケチャップのかけ方、
バリスタみたいだな！**
（イタリア　男性）

アキバという天国も あるのだから、オタクを 隠す必要なんてないのに!

日本のオタクの聖地といえば、秋葉原。秋葉原に行けばたくさんのオタクたちが人目をはばからず自分の趣味に没頭しているし、無数のメイドさんたちが道行くご主人様をカフェへ誘おうとしている。そんな秋葉原には魅了される外国人オタクも多く、「いつかは秋葉原へ行きたい!」と願う声も多く存在した。

一方、興味深かったのが、日本人は自分がオタクであることをどうして隠すの?という指摘。最近では普通のことになってきているが、それでも日本ではオタクは日陰の存在といったようなイメージがあり、それをオタクたち自身が意識しているということなのかもしれない。

そんな日本人のオタクたちには、あるコメントで見つけた「自分が楽しんでいるだけなんだから、周りに気を使う必要はない」という言葉を捧げたい。

| **054** | 温泉

> **voice** 外国人が見た、ニッポンの温泉！

温泉の習慣は素晴らしい！
**汗もかくし、健康によく
リラックス**できて最高！
（ノルウェー　男性）

夏にも温泉に行くのって、
暑くないですか？
（イタリア　女性）

温泉を他の人とシェアするのは、
欧米の人間からすると、
ちょっと気持ち悪いね
（フランス　男性）

温泉楽しみにしてたのに、
**タトゥーがあるから
断られる**なんて…
（アメリカ　男性）

日本だと**猿でも
温泉に入る**んだろ？
（モロッコ　男性）

裸の付き合いが当たり前なのに、タトゥーはダメって、ちょっと変。

温泉に入ると血行も良くなるし、さまざまな効能が体にも良く素晴らしいと思われている中、「お風呂をシェアする」という文化そのものに驚く外国人も結構いるようだ。古代ローマでは大衆風呂文化があったというし、フィンランドのサウナ文化もあるので、これは国によるのかもしれないが、日本人なら誰もが好きであろう「裸の付き合い」には、抵抗がある人も少なからずいるのだろう。

そして、彼らがしばしばぶつかってしまう壁が「タトゥー問題」であるらしい。日本ではタトゥー＝刺青＝……。という認識もあるため致し方ないところもあるものの、ただの観光で来ているのに断られるというケースもしばしば。彼らから見れば、「みんな裸で気にしないのに、なんでタトゥーはNG？」なんていうクレームも聞こえてきそうだ。

055　ゆるキャラ

voice　外国人が見た、ニッポンのゆるキャラ！

とてもかわいいと思います！
母国でもあるんですが、
あまりかわいくない……(笑)
（中国　女性）

とても印象的だし、
宣伝効果がいいよね
（台湾　男性）

かわいいんだけど、
**多すぎて名前を
覚えられません**
（タイ　女性）

**真面目な会社や真面目な場所で
ゆるキャラ**を使うのは
ふさわしくないと思う
（アメリカ　男性）

ゆるキャラのストラップを
おじさんでも普通につけている
のが不思議w
（ペルー　男性）

日本人、ゆるキャラ好き過ぎww なんで警察まで キャラ持ってるの?

一体いまの日本に、ゆるキャラは何体いるのだろう?というほどにゆるキャラはブームを超え、日本文化として定着した感じすらある。日本人の受け入れ方もばっちりで、一見真面目そうなサラリーマン風のおじさんでさえ、携帯ストラップにゆるキャラをつけていたりする。さらに、警視庁までもが公式のゆるキャラを持っている現実。そうした現象すべてが、外国人から見ればかなり興味深いらしい(ツッコミどころ満載?)。

実は、そんな日本のゆるキャラ文化は、ゆるキャラたち自身が作り上げていると言う側面もある。2013年には、全国のゆるキャラ141体が佐世保に集合し、みんなで一斉にひげダンスを踊りギネス記録に挑戦という企画が実行された。ゆるキャラ文化は、ゆるキャラ自身が育てていると言っても過言ではない。そのシュールな光景たるや、ぜひyoutubeでチェックしてみて欲しい。

056 | CM

voice 外国人が見た、ニッポンのCM！

> なぜ日本のCMって**奇妙なのが多い**んだ！？
> （ヨーロッパ　男性）

> 奇妙なのや**スーパーキュートな女の子達**が出てくるのは素晴しいと思う
> （ドイツ　男性）

> ニッポンのCMは**アメリカのCMよりも優秀**だと感じるけど
> （アメリカ　女性）

> **トミー・リー・ジョーンズ**は日本で一体何をやってるんだ！？
> （アメリカ　男性）

> **CMソングだけのCD**が売ってるって、スゴイ！
> （イギリス　男性）

奇想天外なCMの数々。
日本人って、頭が良いのか
アホなのか……。

広告を作る職業で、「CMプランナー」という職種がいるのは日本だけだという。そのせいなのか、日本のCMは外国人から見れば多くが不思議なものに映るらしい。犬が人間のお父さんになっていたり、ハリウッドスターが日本の会社に潜入していたりなど、その独創的すぎる発想は、外国人の想像をはるかに超えるもののようで、「こんなCMをたくさん流してるなんて、日本人って、頭いいのか、アホなのか……」というコメントすらあった。

その発想だけでなくディテールも日本のCMはすごくて、特にCMソングにはかなり力が入っている。有名アーティストがCMソングを歌うのもザラだし、CDショップに行けばCMソングを集めたCDまで売られている。

もはやひとつのカルチャーとも言える日本のCM。果たして世界を席巻する日はやってくるのだろうか。

| **057** | 音楽1

voice 外国人が見た、ニッポンの音楽!

アイドル、J-PUNK、演歌、日本のCDショップは**ジャンルが多くてビックリ**!
(スペイン 男性)

サウンドトラックがなんでこんなに**充実してるの!?**
(アメリカ 女性)

声優が歌手活動をするのは、ブラジルにはないよ!
(ブラジル 男性)

ジャンルが多いというより**特殊なジャンルがある**。たとえば「ヴィジュアルケイ」ね!
(フランス 男性)

野球の応援歌までオリジナルで作るのはすごい
(フィリピン 男性)

「J-POP」と聞いて、外国人が想像する音楽は千差万別かも?

外国人から見れば、日本の音楽文化は、とにかく多種多様。もとからアーティストとして音楽を発信する人だけでなく、たとえばタレントや声優まで歌手活動をするのも珍しい現象のようだ。海外の音楽文化を日本流にカスタマイズしたものが多いようにも思えるが、ビジュアル系やアイドルなど、海外からの輸入か日本独自の文化か境目がはっきりしないものも少なくない。

さらに驚きなのは、ドラマなどのサウンドトラックや、CMソング、さらには野球の応援ソングといったものまでCD化され販売されていること。ラブソングだけでなく、たとえば「応援」をテーマにした音楽が多いのも日本の特徴なのだそうだ。

ひと口に「J-POP」とは言うが、その言葉にはいろんなイメージを含んでいそうである。

| 058 | 音楽2

voice 外国人が見た、ニッポンの音楽！

アニメ好きで日本に来たが、
実は**美空ひばりがかなり好き**
（ブラジル　男性）

年配の人でもEXILEのCDを買ったり
氷川きよしのファンクラブに入ったり。
イタリアではそういうのは
若者の文化で大人はやらないね
（イタリア　女性）

ロシアではカテゴリーが
年代別に決まっている。
日本はみんな**自由に色々聴いてて**
うらやましい
（ロシア　男性）

**メガデスやめて
どこ行ったかと思ったら**
日本で活動して
やがったとは（笑）
（アメリカ　男性）

幅広すぎるジャンルの
音楽を、自由に楽しむ
日本人はVery Good!

前頁で、日本の音楽はジャンルがとても広いということを述べたが、日本人はそんな幅広いジャンルの音楽をかなり自由に楽しんでいるというのも、外国人から見た日本の音楽シーンの印象らしい。たしかにジャニーズやEXILEのコンサートには意外と年配のお客さんがいたりするし、アイドルにお金を落とすのは、おじさんと呼ばれる世代が多かったりする。多くの国では、アーティストには「同世代」のファンが集まるのが多いのに対し、日本では世代がごちゃ混ぜになりながら受け入れられていくといったところだろうか。

そんな日本の音楽が好きな外国人というのはとても多く、某アメリカの超有名バンドのメンバーまで、いまでは日本のテレビでおなじみの存在に。日本の音楽がもつ独特の求心力は、これからどこまでいくのだろう。

第 6 章

外国人は見た！
ニッポンの
イベント

059　祭り

voice 外国人が見た、ニッポンの祭り!

太鼓のパフォーマンスは本当に素晴らしいね
（フィリピン　女性）

若い子も老人も中年も**一緒に踊って楽しんでる**のが素敵
（アイルランド　女性）

設営撤収などが集団で実に**手際がよく**、驚異を感じる
（モロッコ　男性）

泣いている子を見て楽しむなんてあんまりじゃないー!?
（サウジアラビア　男性）

あの神輿は見ていてちょっと恥ずかしい…
（アメリカ　女性）

日本独特の太鼓や踊りは素敵！
一方、独特すぎる祭りも……。

日本の夏祭りは、和太鼓のここちよいリズムが響き、大人も子供も輪になって浴衣で踊る。その一体感が素晴らしいと捉えられているようだ。その雰囲気を「生命力に満ちていて元気をもらえる」と感じる人もいて、全国の祭りに足を運びたいと考える外国人も多い様子。

しかし、独特な文化の祭りがなんでも外国人に人気があるかといえばそうとも言えない。まだ立てもしない赤ん坊を近づけて泣かせて勝負する祭りなどがその例だ。「日本は子供向けのお祭りが多くて素敵」という意見もあったが、たとえばなまはげなどはその怖さゆえに賛否も分かれそうだ。

ちなみに、コメントにあった「あの神輿」とは、幾つかの場所で見かける男性器を模した神輿のことである。

060 祭りの屋台

voice 外国人が見た、ニッポンの祭りの屋台！

どのお店も
とってもカラフル！
（フランス　女性）

**タコ焼きと
チョコバナナ**が
最高！
（インドネシア　男性）

ぜんぶおいしそう！
行ったら絶対太っちゃうな…
（アメリカ　男性）

屋台の食べ物って
安全なの？
清潔に作ってる？
（ヨーロッパ　女性）

生まれたばかりの
**ひよこ達に
なんてことを**…
（メキシコ　男性）

目移りしちゃうほど
おいしそうな屋台の数々!
ただ動物で遊ぶのには賛否アリ。

たこ焼き、チョコバナナ、リンゴ飴……。祭りの屋台で売られている食べ物には外国人も興味津々。安全性を心配する声もあったが、あくまでもそれは少数意見で、ずらりと並ぶカラフルな屋台の雰囲気も相まって、多くの外国人がそのおいしさと楽しさに引き込まれている様子だった。

屋台といえば食べ物だけではない。ヨーヨー釣りやカタ抜きといった遊べる系も魅力の1つだ。ただ、中でも金魚すくいや大阪の方では一般的であるひよこ釣りなどに対しては「動物たちがかわいそう」という意見もチラホラ。考えてみれば動物で遊んでいるということになるわけで、子供たちがこぞってそうした屋台に集まる光景も、そう言われると不思議に思えてくる。

| 061 | 結婚式

voice 外国人が見た、ニッポンの結婚式!

結婚式では白無垢で。
**披露宴では
ウェディングドレス**で?
(カナダ 女性)

日本の結婚式は
外国人の目から見て**退屈**
(ウズベキスタン 女性)

神社の神々しい雰囲気が
すごく興味深いです……
(アメリカ 男性)

ご両親の前で誓いの口づけって、
内心では良い気は
しないんじゃないかと思うけど……
(スペイン 女性)

文化や宗教がごちゃまぜ。
日本の結婚式は
かなり変!?

チャペルか、神社か。白無垢か、ドレスか。日本の結婚式はその様式にさまざまな選択肢がある。そうした結婚式のあり方は実は海外から見るとかなり独特で、そのごちゃまぜな感じに違和感を覚える人も少なくないようだ。おそらくこれは宗教観というよりも、「和か洋か」という視点で結婚式のやり方を選んでいるからではないだろうか。

他にも、やたらとお金がかかることや、結婚式にまで仕事関係の人を呼ぶことなど、ここに書かれていないことでも疑問を抱くポイントは多い様子。自分のやりたいように作って、花嫁は着たい衣装を着て、好きな人を呼んでと、それはそれで自由に結婚式を楽しんでいるとも考えられるけど……。

062　クリスマス

voice 外国人が見た、ニッポンのクリスマス！

なんで**ケンタッキーを食べる**のが習慣みたくなってるんだろ？
(アメリカ　男性)

日本のクリスマスは**カップルがデートする日**なの！？
(アメリカ　女性)

東京で**クリスマスに十字架に磔されたサンタクロース**を見た。あれは面白かったなぁ
(ノルウェー　男性)

クリスマスを**好みに変化させる**のはいいことだと思う。楽しんでもらえば良いじゃないか
(ドイツ　男性)

街のライティングが美しいのは好きだけど、それ以外は嫌い。**祝日じゃないし**、讃美歌も流れないし
(カナダ　女性)

本来のクリスマスからは
かけ離れた祝い方。意外にも
それを良しとする声も?

クリスマスはキリスト教の人間にとってはとても大切な行事。ただ日本人にとってのクリスマスは単なる「お祝い事」にすぎず、家族と過ごすよりも恋人と過ごす日というイメージが定着している。その風習は特にキリスト教徒の外国人から見ればかなり違和感があるようで、みんなケンタッキーを食べるという商業的なイメージにも違和感を抱く人が多数見受けられた。

ただ一方で、キリスト教の国に住んでいる人の中にも、「宗教的すぎるから嫌だった」という声があったりする。そうした人たちはむしろ単純にお祝い事を楽しむ日本的なクリスマスを良しとしているところもあり、街を彩るイルミネーションなども好意的に受け取っている様子だった。

063 お正月

voice 外国人が見た、ニッポンのお正月！

毎年数十枚や**何百枚も年賀状**を送るのはムダじゃない？
（ドイツ　男性）

日本の子供は良いなぁ、クリスマスにプレゼントもらえて**お正月にはお年玉**もらえて…
（イギリス　男性）

なんで日本人は**初日の出**を見に行くの？
（ベルギー　女性）

みんなで**掃除をして新年を迎える**のはすごく良い！他の国でもやるべきだわ
（アメリカ　女性）

福袋ってすごくいいアイデア！カナダのお店でもこういうのやればいいのに
（カナダ　女性）

考えてみると、
日本のお正月のしきたりって
すごく多い？

日本の正月の過ごし方に関しては、かなりいろいろな側面からのコメントが得られた。年越し前には大掃除をし、おせち料理を作り、実家に集まり、年が明けると神社に詣で、初日の出を見て、年賀状を受け取り、子供にお年玉をあげたかと思えば、2日目にはショッピングに出かける……。それらすべてが日本独特のものとして捉えられているようだ。

日本人にとっては当たり前だが、日本のお正月はなにかと行事が多く、しきたりのようなものが目白押しなのだなということに改めて気がつく。外国人はそれらに対して概ね否定的ではなく、むしろ楽しんだり、ポジティブに捉えている印象なのだが、おそらく全てについていくのは大変なことのだろうと察してしまう（いま日本人で、そうしたお正月の行事をきっちり行う人はどれだけいるのだろうか？）。

064　ハロウィン

voice 外国人が見た、ニッポンのハロウィン！

コスプレの**種類の多さと
クオリティ**がすごい！
あと可愛い女の子が多すぎ！
（アメリカ　男性）

マリオのコスプレが
ハロウィンのような
ホラーイベントにいるとは
変な感じ
（フランス　男性）

どうして**アメリカ**が
日本に負けてるのよ。。。
（アメリカ　女性）

ハロウィンは
日本では**コスプレ祭り**に
なってるんだね
（スペイン　男性）

小さいスペースに
すごい人間の数…
渋谷の交差点が
恐ろしい場所になってた
（アメリカ　男性）

本家も舌をまくクオリティ！
なんでも自己流に楽しんじゃう
文化がスゴイ。

ハロウィンがここまで盛り上がるようになったのは、ここ数年のことだと思う。それまではバーやクラブ等でイベント的に行われていたくらいだったのが、盛大なコスプレイベントとして一種の社会現象にまで発展した。その盛り上がり方やコスプレのクオリティは本家の外国人をも驚かせるほどのものであり、「ハロウィンまでここまで楽しむとは日本人はさすが」という声もあった。

クリスマスにしろ、結婚式のチャペルにしろ、日本人はとにかく海外のイベントを単に「祭り」として受け入れ、その文化的背景などは置いといて自己流に楽しんじゃうというのが得意なようである。おそらく日本のハロウィンは、クリスマスのように1つのイベントとして定着するのだろう。ただ、盛り上がりすぎて危険なイベントになることだけは避けたいものだ。

065　花火大会

voice 外国人が見た、ニッポンの花火大会！

驚嘆に値するね。
フランスでもこの花火が
見れたら最高なのに！！！
（フランス　女性）

度肝を抜かれた。
**クールなんて
もんじゃない！**
（イギリス　男性）

日本の花火師が
どれだけ自分の仕事を
愛してるのかが伝わってくる……
（ドイツ　男性）

日本人の花火師が
疑いようもなく世界一！
マジで！
（アメリカ　男性）

女の子が**みんなゆかたを
着ている**のがとても可愛い！
民族衣装なのに町中で
着ても違和感がないのはすごい
（スペイン　男性）

花火大会は、
世界でも類を見ない
超クールイベント。

日本のイベントの中でも、特に外国人が絶賛していたのが花火大会だった。花火のクオリティは世界でもダントツで素晴らしいし、女の子が浴衣姿で街を歩いているのもかわいい。こんなイベントが自分の国でもあればいいのにという声は数多く見受けられた。

一説には、日本の花火大会は「花火自体がイベントとなっている」ことが大きな特徴らしい。海外ではたとえばなにかの記念日にお祝いとして花火をあげるのが一般的だが、花火大会が単独でイベントとして成立することで、全国各地で催され、夏の風物詩として定着し、花火師たちはそのたびに腕を競い合う。そういった流れが日本の花火文化を大きく花開かせているという側面があるようだ。

「花火大会がある国」。それは、日本の魅力を表すキーワードなのかもしれない。

第 7 章

外国人は見た!
ニッポンの
人

| 066 | 男の子

voice 外国人が見た、ニッポンの男の子！

日本の男の子が大好き…。
だって、
超かわいいんだもん！
（イタリア　女性）

外国人女性を
女性扱いしてくれない。
すごく傷つく
（アメリカ　女性）

服装がチャラチャラしてる。
私の国で
男はパーマをかけません。
（ハンガリー　女性）

女性と話すときに、
目を見て話さないよね。
年齢に関係なく
シャイな人が多いかも
（スイス　女性）

日本人男性は、**保守的すぎ**。
サラリーマンは新しい挑戦を
諦めているんじゃない？
（フランス　女性）

ピュアな男子中高生に世界のお姉さまはメロメロ。しかし社会人は「旦那にしたくないNo.1」。

世界の屈強な男たちと肩を並べると、少し頼りない印象の日本人男性。シャイな性格も相まって、「頼りない」という声ばかりが集まった。

日本人男性のマイナス要素をすべてプラスに変えているのは、男子中高生。子犬のようにはしゃぎ、キラキラと青春に打ち込んでいる彼らの姿に、世界各国のお姉さま方は心がくすぐられるらしい。「羽生結弦が私の理想」という女性もいた。

反対に、サラリーマンを始め、大人の男性は「旦那にしたくない」存在。見た目のことだけではなく、「レディファーストがなってない」「マザコン」「真面目すぎ」「おどおどしている」と、そこまで言わんでも……と聞くだけで涙目になる評価ばかり。

ともあれ、外国人女性の辛辣な意見には、モテる男になるヒントがたくさん隠されていそうだ。

067　女の子

voice　外国人が見た、ニッポンの女の子!

可愛らしい小さな目と鼻。
この美しさは言葉じゃ
表現できない!
(セルビア　男性)

みんな年齢不詳。
10代みたいに若い!
(エストニア　男性)

親切な人が多い。
道案内をすると一緒に
ついてきてくれるの
(ブラジル　女性)

肌と髪がとてもキレイよね。
空気が澄んでて食べ物が
おいしいからかな?
(ラオス　女性)

日本人の女の子と仲良くなるには、
同じ趣味を持っていて、
同じ格好をしていないといけない
感じがします
(オーストリア　女性)

コロッとかわいい瞳に美しい髪と肌。日本人女性がモテないわけがない。

日本人の女の子は世界でモテる、と誰もが一度は聞いたことがあるはず。このことを裏付けるかのように、世界中の男性から熱いラブコールが寄せられた。

彼らを虜にしているのは、日本人女性特有の「薄さ」。白い肌、小さなパーツ、線の細さ……。メリハリのあるダイナマイトボディに見慣れている彼らからすると、守りたい！と思わせる要素がたくさん詰まっているらしい。

控えめな顔立ちと体つきは、控えめな性格を連想させる。「押しが強くなくて、旦那を立てる」「言うことを聞いてくれそう」といった、ステレオタイプな思い込みもあった。

かよわい体と奥ゆかしさの裏側に、男も驚くほどの強さを秘めている女性だっている。彼らも一度、日本人女性とじっくり付き合えばそのことに気付かされるはずだ。

068　恋愛

voice 外国人が見た、ニッポンの恋愛!

告白で恋人になる契約をしてから
デートってのはいいコンセプト!
「私たち、もう特別な関係だよね?」
とか、言う必要ないんだよ!
(アメリカ　男性)

女性の方から男性にアプローチ
したりもしますがありえない。
イランではアプローチは
基本的に男性の方からです
(イラン　女性)

日本人のカップルは
ケンカとかがあっても我慢する。
母国ではすぐ別れる
(スペイン　男性)

日本の男性はシャイですよね。
母国では、男性は好きな
女性とデートする時に必ず
花をあげます
(ウズベキスタン　男性)

母国では、
同棲は普通のことでは
ありません。
だから若いうちに
結婚する人が多い
(インドネシア　男性)

男性が恋人に対して
シャイなのは、「告白」が
あるから？

「好きです！付き合ってください！」は、日本の恋愛における最も重要な儀式といってもいい。それが成功してはじめて恋人関係になるのだから。だが、このお互いの気持ちを確認してから恋人になるというルールはかなり独特なものであるらしく、「告白」の制度に驚く声が多数。「そうだねぇ。気がつけば自然にこういう関係に……」という、日本だったら相当疑わしい恋愛の流れも、海外では普通のことらしい。

日本の男性は恋人の女性に対してアプローチが足りないということはよく言われるが、ひょっとするとそれは「告白」によって好きだという気持ちが確認できているから、とは考えられないだろうか？ 付き合ったら急に冷たくなったなどというエピソードも少なくないが、それも「告白」がもたらす功罪なのかもしれない。

でも、告白が成功した時の高揚感ほど、たまらないものはないけどね！（←そういう筆者には成功体験がありません）

| 069 | 結婚

voice 外国人が見た、ニッポンの結婚！

どうして日本の夫婦は**セックスレス**が多いの？
ポルノが氾濫していて堂々と消費されているのが原因？
（アメリカ　女性）

日本の旦那さんがほとんど**毎晩酔っぱらって帰ってくる**。ありえない。結婚している意味がない
（ベルギー　女性）

夫を「主人」、妻を「奥さん」という呼び方
上下関係が連想されて
すごい違和感
（ドイツ　男性）

自分のベッドが欲しいと言う。
一緒に寝るのが
普通じゃないの？
（ウクライナ　男性）

ステレオタイプな日本の夫婦関係は理解できないが、セックスレスも理解不能。

妻は夫を立てるもの。三歩後ろを黙ってついていく……。など、日本の夫婦には独特の「こうあるべき」という美学がある。いまではそんな関係の結婚生活を送っている人は少なくなっているだろうけど、外国人からしてみれば、男性優位に見える結婚観はとても不思議なものであるらしい。

日本人と国際結婚をした外国人のコメントもあった。中でも多かったのは日本人妻のドライさに悩む声。愛を伝えるとうっとおしいと言われ、セックスは少なくなり、あげく、自分のベットで1人で寝たい……。文化の違いに肩身の狭い思いをしている外国人は少なくないようだ。

好きで結婚したのにその愛も表現せず、セックスレスになってゆく日本の夫婦関係。それはさぞ謎多きものなのかもしれない。

070 セクシャルマイノリティ

voice 外国人が見た、ニッポンのセクシャルマイノリティ!

同性愛に関しては、
日本は先進的とは言えない
(ベルギー 男性)

日本のアニメを見る限りは
オープンそうなのにね
(ヨーロッパ 女性)

同性愛かどうかで
人を判断するのはよくない。
アメリカではゲイであることを
カミングアウトするのも
普通のことだよ
(アメリカ 男性)

どこの国に行ったって、
自分を隠す必要はない
(ドイツ 男性)

日本でLGBTに対して
オープンなのは、
創作の世界だけなの!?

渋谷で同性婚を認める条例が可決されたというニュースも話題になったが、外国人から見れば、日本はまだまだ同性愛などセクシャルマイノリティに対しては寛容的でない国という声が圧倒的だった。LGBTの人がカミングアウトをするのも難しいという側面を危惧する声もあり、中には、「知り合いの日本人の同性愛者が、日本よりも同性愛者が生きやすい国に移住したよ」なんてエピソードも。

一方で、漫画やドラマの世界ではオープンだというのも見逃せない視点。考えてみれば確かに漫画やドラマでは同性愛者が描かれているものも少なくない。実際の世の中が寛容でないからなのだろうか。ちなみに、「これから先もきっと日本がLGBTに寛容になることはないよ」といった、厳しい見方も少なくなかった。

071 高齢者

> voice 外国人が見た、ニッポンの高齢者！

100歳超えて走ってるなんて、それだけでもうリスペクトだわ
（ポルトガル　女性）

死ぬまで働くってのはちょっと悲しいな
（アイルランド　男性）

ゲームセンターは達成感もあるエンターテインメントだから、彼らにとってはいいことだよ
（アメリカ　男性）

介護士を増やすためにも日本はもう少し移民を受け入れるようにした方がいいよね
（トルコ　女性）

元気なお年寄りは
すごいけど、超高齢化への
準備は大丈夫？

いまや日本の4人に1人が高齢者とも言われている日本。TVなどでも元気なお年寄りのニュースが伝えられることも多い。100歳になってもスポーツを続けているなど日本人の「スーパーおじいちゃん／おばあちゃん」の姿には、外国人も感嘆の声。ただ、日本人特有の(?)「生涯現役」的な考え方は理解できないという人もいた。超高齢化が進む中、きちんとその対策をしていかなければならないという現状は外国人から見ても明らかな様子。

余談だが、「寝たきり」のお年寄りは海外にはほとんど存在しないそうだ。それは、特に欧米などではたとえ老いても無理な延命治療をせず、自然な死を迎えることが高齢者の尊厳を保つことになると考えるからだそう。どちらが良いというものではないが、お年寄りが元気で幸せに生きられる社会というのは、世界共通の願いだと思う。

072　人混み

> **voice**　外国人が見た、ニッポンの人混み！

渋谷の交差点…
ウォーリーを探せかっつーの！
（アメリカ　男性）

危ないじゃん。
でも**皆ちゃんと
渡れてる**んだね……スゴイ
（ウズベキスタン　男性）

電車のホームは
かなり混雑してるのに、
なんで秩序が保てるんだ？
（アメリカ　女性）

電車の混み方やばい！
どうやって次の駅で降りるんだ？
奥の人は降りられるの？
（フィンランド　女性）

こんなに満員で
緊急事態の時、
どうやって脱出するんだ？
（アイルランド　男性）

当たり前のように、
毎日あんなに混みあうなんて
理解不能……。

人混みについて外国人に聞いてみると、まず取り上げられるのが「渋谷のスクランブル交差点」と「満員電車」。外国人にとって、日本の二大人混みスポットといってもいいかもしれない。異常なまでの混み具合に驚くだけでなく、ケンカしたりなどもせずにみんなが当たり前のように人混みを我慢しているということまで含めて全く理解ができない様子だった（興味本位に「見てみたい！」という声は多かったけど）。

海外ですごい人混みといえば、大晦日のニューヨークのタイムズ・スクエアだろうか。筆者も一度訪れたことがあるが、中心部近くまでもたどり着けず、ぎゅうぎゅうにスシ詰めにされた。あれは年1回のイベントだから許されるのだと思う。ニューヨークの友人に「日本の満員電車は、あれが毎日行われる感じ」といったら、途端に青ざめていた。

073 宗教観

voice 外国人が見た、ニッポンの宗教観！

結婚式は教会で。お葬式はお寺で。宗教ごちゃごちゃ
（スペイン　男性）

日本人は色々な宗教行事を楽しんでいるよね。儀式を**宗教とは捉えず、文化的なものと捉えてる**
（アメリカ　男性）

他の国みたいに、政府も国民に対して特定の**宗教の信仰を強制**したりしない。とても寛容だ
（アメリカ　女性）

多くの戦争や侮辱は、得てして宗教が原因で起きるものだろ。その意味で**日本人の宗教観は理想的**じゃないか？
（ブラジル　男性）

日本だけじゃなくてもっと多くの国が、宗教に対してこれくらい**気軽な態度**を取れるはずなんだけどね
（イギリス　男性）

無宗教？宗教ごちゃ混ぜ？
でも、そんな態度は
理想の姿かもしれない？

結婚式は教会で行い、お葬式にはお坊さんを呼び、家には神棚と仏像があり、クリスマスは恋人と過ごす……。無宗教であるとか、「八百万の神を信じる国」とか、いろんな風に言われる日本人の宗教観はとても独特で、曖昧だ。外国人の目にはそうした宗教行事への態度は不思議なものに映っている。「宗教というより文化的なものとして捉えている」というのがすごく的を得ているように思う。

興味深かったのは、そうした曖昧な宗教観が「理想的ではないか」という視点。宗教が原因の争いごとも絶えない世の中だからこそ、日本人のように気軽に宗教と付き合うという態度には、平和へのヒントが隠されているのかもしれない。多くの国が特定の宗教を持っている中、そんな見方を外国人がしているというのは、日本人にとっては驚きなのではないだろうか。

074　頭

voice 外国人が見た、ニッポンの頭！

日本人って、
計算もすごく早いよね
（サウジアラビア　男性）

頭がいいというか、
めっちゃ勉強している
イメージ
（フランス　男性）

**勉強するための環境が
整っているし、**
識字率も高いのは
うらやましい
（エチオピア　女性）

日本人とか
勉強しまくりで賢いけど、
**英語力に関しては
かなり低いレベル…**
（カナダ　男性）

日本語はとても美しいのに
**おかしな英語を使うのが
バカに見えるの**
（カナダ　女性）

よく学び、とても賢い日本人。
ただ、低レベルな英語は
頭悪く見えますよ?

全員が中学校までの教育を義務として受け、当たり前のように読み書き計算ができる日本人。外国人から見れば「日本人=頭がいい」というイメージはもはや定説のよう。ただ中には、頭がいいというより、勉強をしまくっているという印象を持つ人もいた。あながち間違いではないように思うけど。。。

そんな日本人でも、頭が悪いように見えてしまう時もある。たとえば英語を使う時。本書でも度々出てきたが、日本人は英語が使えないというのがものすごく残念なようで、「頭いいのにどうして?」と首をかしげてしまう外国人は少なくないようだ。

ちなみに頭が悪いといえば、「バカッター」などの行為に関するコメントもあったが、そうした点に関しては幸いにも「それは一部の人間の行動だから」と、冷静な理解を示していた。

075 あの人

voice 外国人が見た、ニッポンのあの人！

面白過ぎる（笑）
この人って役者か何か？
（フィリピン　男性）

彼は薬物か酒でも
飲んで酔っ払ってたの？
（オランダ　女性）

小さな子供が
親の言うことを聞かずに
ワーワー泣くよりタチが悪いよ
（イギリス　男性）

これが日本の
超巨大スキャンダルで
あるならば、
日本はとても健全な国だ
（メキシコ　女性）

汚職事件の乗り切り方に
新たなページが刻まれたね。
まさかこんなやり方があるなんて
思わなかったよ（笑）
（アメリカ　男性）

例の会見は、世界が笑った。
でも、事件自体は
カワイイもの？

2014年7月に会見が開かれ、「号泣会見」として世界に知れ渡った野々村元兵庫県議員。その会見の様子は外国人をも爆笑の渦に巻き込んでいた。ただ、単に爆笑するコメントだけでなく、モラルのなさや公の人間としての資質を問う声も一方では多く、いろいろな意味で外国人にも多くの物議を醸し出したようだ。

ひとつ特徴的だったのは「このくらいの不正だったらまだマシ。自分の国はもっとすごい不正をしても会見がそっけない」といったコメント。たかだか(?)300万円程度の不正支出の問題があそこまで大きなニュースとなったこと自体も不思議なことのようだ。

おそらくは今、世間から離れ息苦しい生活をしているだろう野々村元議員。「彼は役者か?」という声もあるように、芸能界転身とかなら、道はあるのか……。

076　ファッション

> **voice** 外国人が見た、ニッポンのファッション！

日本人の男性は、髪型やファッションなど**外見に気を遣っていて、素晴らしいです**
（カナダ　女性）

男女ともに区別がつかないファッション。**男性もゲイにしか見えない**ことが多い
（ボリビア　男性）

日本は**カワイイ服を探すのが簡単**すぎる…北米だと本当に大変なのに
（カナダ　女性）

大人でもふんわりしたスカートを履いたり、大人っぽさを強調しすぎないのがオシャレ
（ロシア　女性）

女性がスカートを履いてても**男性は冷やかさないの？**
（フィンランド　女性）

日本人はいつでもオシャレ。
自由なファッションを
自由にできる文化が◎。

どこかに出かける時は、ある程度出かける用の格好を心がけるのが日本人。その精神は外国人からすれば珍しいことのようで、誰もが多かれ少なかれ服装に気を使っていることに驚く人が多かった。中には、「街を歩いていると、オシャレじゃない日本人がいない」なんて声も。

大人の女性でもふんわりしたスカートをはいていたり、自分の好みの色使いを全開にしていたりなど、ファッションの自由さも魅力の様子。特にスカートに関しては、国によっては女性がスカートをはいているだけで男性から口笛を吹いて揶揄されるといったこともあるようで、誰もが好きな格好をできる文化は素晴らしいものであるらしい。

しかしながら、「夏場でもスーツ」や「なぜかマスクする人が多い」など、外国人が理解に苦しむファッション事情もいくつか。その分析は今後の課題としたい。

| 077 | コドモ／オトナ

> voice　外国人が見た、ニッポンのコドモ／オトナ！

日本の子供は**世界一礼儀正しく、マナーがある**ね
（メキシコ　男性）

小学生がなんでこんな**派手なファッション**…？すごく成熟してる!?
（カナダ　女性）

友達と一緒に話す時、**大人の女の子はとてもバカっぽく振る舞う**よね。きゃっきゃっ、きゃっきゃって
（フランス　男性）

テレビにも子供っぽい大人がたくさん…
（ロシア　男性）

日本人は何で**子供に変な名前を**つけたがる？
（中国　女性）

子供が大人びていて、
大人が子供っぽい。
「成人」の意味はなんだろう？

左のコメントの他に、こんな意見があった。
「成人式は素晴らしい。いつ大人になったかがわかるから」
(ルーマニア 男性)

日本には成人という節目があり、誰もが大人を意識する明確なタイミングがある。なのに、外国人から見ると日本の大人はどこか子供じみていて、大人になりきれていないという印象があるようだ(もちろんそうではない立派な大人もたくさんいるけど)。

一方で日本の子供に対しては、交通マナーを守ったりあいさつがちゃんとできたりという礼儀正しさを讃える声や、小学生なのにモデルみたいなファッションに身を包む子供にびっくりする声など、いろんな意味で大人びた印象を持っている様子。

子供っぽい大人を親に持つ、キラキラネームの大人っぽい子供。そんなまとめ方は極端かもしれないが、あながち間違いでもなかったり……？

| | 078 | 歯 |

voice 外国人が見た、ニッポンの歯!

> 疑問に思ったんだけど、
> どうして多くの日本人、特に女性は
> **八重歯を治さない**んだろう?
> (ハンガリー 女性)

> 日本では
> **予防歯科が一般的ではない**
> みたいだね
> (イギリス 男性)

> **芸能人でさえも歯並びが
> 悪かったり。**
> ハリウッドみたいに
> 美容歯科にいかないのかな?
> (アメリカ 女性)

> **日本人の口臭**が
> 気になります……
> あれはなんとかした方がいい
> (オーストラリア 男性)

チャームポイントの八重歯も国が変われば「カワイクない」になる。

ファッション、恋愛観、優しい人柄と、日本人を好意的に思う意見が多い中、圧倒的に「イケてない!」と言われたのが、歯。

矯正とホワイトニングが常識の欧米人からすると、「接客業なのに歯並びの汚い人が多い」「黄ばみは最悪」など、挙げればキリがないほどのダメ出しが。

八重歯がチャームポイント、という女の子に対しても手厳しく、「なぜ直さないのか理解できない」との酷評もあったほど。アイドルがニコッと笑ったときに見える八重歯がかなりかわいいと思うのは、どうやら日本人だけの感覚のようだ。

携帯用の電動歯ブラシが大旋風を巻き起こしたりと、歯への美意識が決して低いわけではないはず。歯の美しさがグローバルスタンダードとなる日は近いかも。

第 8 章

外国人は見た！
ニッポンの
アダルト

079 ラブホテル

voice 外国人が見た、ニッポンのラブホテル！

なんだあの
カラフルな建物は…!?
（ドイツ　男性）

**室内に
メリーゴーランドがある!?**
一体どーなってるんだ!?
（マレーシア　女性）

色んな部屋があり過ぎだろ！
どこまでマニアックなんだ（笑）
（アルゼンチン　男性）

普通にホテル泊まる
よりいいね！
値段も安いし
（アメリカ　男性）

日本は狭いし
混雑してるから、
こういうプライベートな空間が
必要なんだね
（ヨーロッパ　男性）

独特な設備は面白すぎるが、
旅行者にとっては、
リーズナブルで魅力的？

外国人にとって、日本のラブホテルは外観から中身までとにかくビックリすることだらけのようである。日本人研究員に話を聞いてみたら、小さいころ街の中心部を離れた山の中腹あたりになぜかポツンとファンタジックな色のお城があり、子供心になぜあんなところにお城が……と困惑したのだそうだ。おそらくそれと同じような気持ちを、外国人も抱いているのだろう。

なぜか牢屋のような柵があったり、学校の教室のような部屋になっていたり、とにかく趣向を凝らしまくったホテルがいくつも存在するが、普通のホテルと部屋の中身が大きく変わらないところもある。普通に泊まるより値段も安いから旅行で使いたいという外国人も少なくなかった。受付の人とあれこれ話さなくてもお金を渡せば入れるという簡単さも、もしかしたらウケるかもしれない。カップルでないと入れない場合もあるが、うまくやれば思わぬビジネスチャンスが転がっているような気もしてくる。

080　AV

voice 外国人が見た、ニッポンのAV！

日本のポルノは検閲で**モザイクがかかっている**けどなんで？
そんなの日本だけだよね？
（アメリカ　男性）

あそこにモザイクとか明らかに変。
●手や口●ロ●ータや●×▲か、考えられる**全てをエロにしてるのに**
（フランス　男性）

女体盛りって！
どこで見れるんだ？
（インドネシア　男性）

日本のAV女優はとにかくかわいい！
（ヨーロッパ　男性）

日本のAV女優って、より現実的というか**普通っぽい娘が多い**ように思う。
アメリカとは正反対
（アメリカ　男性）

大事なところが見えない分だけ？表現の幅があまりにも広い。

日本のAVについて外国人がいちばん不可解なのは、「モザイク処理」の問題。大事なところをモザイクで規制するのは日本くらいなようで、「あんなにいろんな表現があるのにナゼ？」とか、「日本の男性のアレが小さいのを隠すため？」といったコメントまであった。

また、AV女優についても賛否が。日本でもごく普通のかわいい子がAVに出ているというのはよく言われることで、アジア圏では日本のAV女優が大人気だったりするケースもある。しかし、欧米などでは「普通の子が出ていて現実的」と、あまりいい印象ではないようで、ここはエロのお国柄が分かれるところ。

余談だが、モザイクがあるせいか、日本人の中には大事なところを見るのが「グロい」と感じる人も、いるとかいないとか……。

| 081 | 風俗店

> voice 外国人が見た、ニッポンの風俗店!

なんで風俗のお店が
普通に街中にあるの?
(アメリカ　男性)

**外国人ってだけで
断られた**んだけどなんで?
楽しみにしてたのに…!
(ドイツ　男性)

女の子のお尻を
枕にして寝れるお店。。。
こんなのが流行るのは
日本だけだと思うわ
(カナダ　男性)

高校生と
お金払ってお散歩って、
なんじゃそりゃ。。。
(シンガポール　男性)

外国人を断り、
変なサービスを提供する
ガラパゴス風俗。

日本の風俗店について、外国人はどう思うか聞こうと思ったのだが、そもそも日本の多くの風俗店が「外国人お断り」にしているらしい。確かにスタッフや女の子にまで英語を徹底するのも大変な労力だし、トラブルなどのリスクを考えるとわからないでもないが、わりと簡単に見つけられるほど日本の街には風俗店があふれているのに入れないという現実は、それ目当ての外国人を困惑させているようだ。

そんな風に日本人オンリーを相手としながら、日本の風俗店はかなり多種多様なサービスが乱立している。その情報自体は外国人にも届いているようで、中にはなぜそんな商売が成立するのか不可解なものも。

ちなみに、海外ではそもそも売春をする人がとっても稀な存在で、日本の性風俗は「お客の多さ」も珍しいのだとか。

082 キャバクラ／ホストクラブ

voice 外国人が見た、ニッポンのキャバクラ／ホストクラブ！

ホストの髪型って、どうしてみんな同じような感じなの？
（スイス　女性）

ホスト達のあの髪型は**アニメキャラ**みたいだ
（オランダ　男性）

僕が見た**キャバクラ嬢**は、30歳くらいに見えた。あれで20歳とはウソみたい…！
（イギリス　男性）

一ヶ月に500万も使ってる客は一体何者なの！？
（ヨーロッパ　女性）

キャバクラに通うことは**奥さんを悲しませて家庭を崩壊させる！**
（韓国　女性）

日本のキャバ嬢／ホストは老けてるアニメキャラ？

繁華街を歩けば、必ず一軒は見かけるキャバクラとホストクラブ。バイト感覚で働く学生もいるほど、いまやすっかり市民権を獲得しているが、外国人の目からは珍しい職業に見えるようだ。

特に注目されているのが、ヘアスタイル。彼らの姿を見た外国人たちは、「ホストの髪型はアニメキャラみたい」「髪が盛り上がっているのはなぜ？」と興味津々。キャバ嬢とホストは、カワイイ文化とはまた違う、日本独自のファッションアイコンの1つと言っていいのかも。

もう1つ特徴的だったのが、「老けている」という声が多かったこと。日本人は童顔で、年齢より若く見られることがしばしば。しかし、キャバ嬢やホストのように痩せているうえに化粧バッチリだと、若々しさが感じられないそう。外国でナメられる人は、メイクの参考にしてみるのもアリ？

| 083 | コンドーム

voice 外国人が見た、ニッポンのコンドーム！

原宿のど真ん中に
なぜ
コンドーム屋さんが！！
（フランス　男性）

キャラクターのものとか、
なんでコンドームまで
かわいいの！？
（カナダ　男性）

コンドームの自販機は
フィリピンにも
導入して欲しい
（フィリピン　男性）

コンドームの**値段が高い**なぁ。
日本の人口が多いのは
実はこれが原因だったりして
（ベルギー　男性）

0.01mm！
これは最上級品。
今まで使った中で一番の
コンドームだ
（アメリカ　男性）

コンドームまで
「カワイイ文化」の謎。
でも品質は最高！

日本のモノづくりのすごさは、もちろんコンドームにも及んでいる。「世界最薄」とうたうコンドームは外国人からの評判も良く、世界中の男性を魅了しているようだった（ちなみに、Amazonのレビューでもいくつか外国人のコメントが散見される）。

しかし、ただ品質が良いだけではないのがクールジャパン。キャラクターコラボや各地の「ご当地系」コンドームなど、外国人が「なぜ！？」と首をかしげるほどムダに種類が多い。さらに驚くべきは、日本の「カワイイ」の発信地である原宿の真ん中に鎮座するコンドーム専門店。その光景には外国人もまずびっくりするようだが、たかがコンドームでそこまで遊べる日本人は、すごいとしか言いようがない。

日本のコンドームは比較的値段が高いのだそう。高くてもかわいいのがいいか、安いほうがいいか。そこは意見の分かれるところかもしれない。

おわりに

所長のあとがき

所長に変わりまして、日本人研究員の編集後記

実はいろいろと悩んだ本書のタイトル。
最終的には「治安はいいのにチカンが多いって、どういうこと?」というものになりました。
このタイトルにあるような、日本の「矛盾」がすごく興味深く、
おもしろいなぁと感じます。

治安はいいのにチカンが多い。
真面目な性格なのにお酒の飲み方はルーズ。
街並みはきれいなのに電線がやたらと多い。
本書の調査でもいろいろな発見があったように思います。
本書を書きながら研究所内でも幾度となくわーわー盛り上がり、
締切に間に合うかどうか危なくなったくらいです。
逆に、そんな視点をもちながら僕らが外国を旅したら、
もっといろいろな発見があって楽しいだろうなとも思いました。
もしくは、いま改めて日本を旅するのも再発見があるかもしれない。
平たく言うと旅がしたくなったってだけです。

もう一つ、この本を編集しながら思ったこと。
それは、日本は本当に平和な国なんだなということです。
自動販売機だってティッシュ配りだって、
あれが成立しているのは日本が治安が良く、
いくらお金に困っていても自動販売機をぶっ壊そうなどと
思う人がそうそういないから。

さまざまなテーマでコメントを集めると、
二言目には「日本はそれだけ治安がいいからね」という
人がとても多かった。
それは日本人としてとても嬉しく思いました。
世の中色々なことがあるし、時代もどう変わっていくのか
わからないけど、外国人がうらやむほど平和な国という姿は
保ちつづけたいものだと、改めて思いました。

……前書きの所長のテンションとは違い、真面目になってしまいました。

で、なぜ所長に変わって研究員である私が
あとがきを書いているかというと、
所長は本文を確認し終えたところで「あとはまかせた」と
出張に出てしまったのです。
「改めてニッポンの温泉文化を体感してくる」とか
言ってましたが、ただの旅行です絶対。
旅がしたいと思っている原因はそれです。
で、またなんか思いついて
「次はこんな本出すぞ！」なんて言ってくるんでしょうか。
また旅行に行けないじゃん。

最後になりましたが、本書を作るにあたり、
アンケートやインタビューにご協力いただいた外国人の皆さん、
そして、外国人の声を集めるのにご協力いただいた
内野理香さん、藤澤祐樹さん、
学校法人情報文化学園アーツカレッジヨコハマの皆さん、
本当にありがとうございました。ここに深く感謝申し上げます。

それではまた次のシリーズかまた別の本で、お会いしましょう！

（研究員　土佐）

治安はいいのに
チカンが多いって、
どういうこと？

外国人は見た！
イケてるニッポン、イケてないニッポン

2015年5月15日　初版第1刷発行　　2015年6月1日　初版第2刷発行

著者	異文化コミュニケーション研究所
所長	バーナード・モリス
研究員	土佐栄樹　松本まりあ
企画	橘川幸夫
装丁	杉村武則（oval）
表紙イラスト	莉文
	http://blog.goo.ne.jp/sorakazedoutyuu
発行人	長廻健太郎
発行所	バジリコ株式会社
	〒130-0022　東京都墨田区江東橋3-1-3
	電話　03-5625-4420
	FAX　03-5625-4427
	http://www.basilico.co.jp
印刷・製本	株式会社 光邦

乱丁・落丁本はお取替えいたします。
本書の無断複写複製（コピー）は、
著作権法上の例外を除き、禁じられています。
価格はカバーに表示してあります。

©Cross-cultural Communication Lab. 2015
Printed in Japan
ISBN978-4-86238-218-4